1000人の「そこが知りたい!」を集めました

親・配偶者が高齢になったら家族で相談すること

監修

税理士/円

橋 慶

護支援専門員

福島 実

老いは近い将来、誰にでもやってくるもの

身近にいる親や配偶者のふとした動作に、「年をとったな」と感じることはありませんか。

オレンジページでは親や配偶者の「終活」（生前整理と死後の備え）についてアンケートを実施。1000人以上の方から、さまざまな声が集まりました。

「モノが多い、運転が危うい……。一人暮らしの親が心配」
「夫に介護が必要になったら、自分一人で見られる？」
「親が認知症になったら、どこに相談したらいい？」

「延命治療をどうするか。元気なうちに家族で話しておきたい」
「相続が不安。お墓の用意もない」

誰しも高齢になったら病気や認知症、要介護のリスクが高まり、もしものときの終末医療や葬儀、お墓、相続について、家族で向き合う必要が生じます。

本書は、親や配偶者が高齢になったら家族で相談しておきたいことを解説する一冊。
家族で思いを共有しておけば、この先の人生をさらに気持ちよく歩めるはずです。

ほぼ 1000人にアンケート

家族の生前整理と死後の備え、不安を徹底リサーチ

元気なうちに、家族で話しておきたい

親や配偶者など身近な家族の「終活」について、オレンジページではアンケートを実施。すると、この先の生活や病気への不安、もしものときの手続きに対する戸惑いなど、さまざまな声が寄せられました。老いや死に関する話は、親しい家族であっても、なかなかしづらいもの。不安を一人で抱えている人も多いようです。

ここではアンケートでわかった、みんなの「知りたいこと」「やっておきたいこと」「やっておけばよかったこと」を詳しく紹介。大切な人の人生の終わりに悔いを残さないために、ぜひ参考にしてください。

※アンケートは2023年7月オレンジページ調べ　対象:「オレンジページメンバーズ」国内在住の男女(回答者数1050人)

身近な人の老い。みんなはどう考えてる？

一人暮らしの母が心配。
足腰が弱ってきたし、
物忘れも多くなったし……。
どう見守ったらいい？
（50代・女性）

老老介護になるのではないか不安。
自分の体力がもてばいいけど、
もたなければお金が必要になる。
（50代・女性）

そろそろ夫に
免許返納してほしいけど
車がないと生活が不便な
ところに住んでいるので、
どうしよう……。
（60代・女性）

頼むから、
元気なうちに終活してほしい。
まだ大丈夫と思ってる親たちに、
もっと真剣に考えてほしい。
（30代・女性）

認知症や
要介護になったら
どこに相談したらいい？
公的な補助についても
教えてほしいです。
（50代・男性）

親と相続について
話そうとしたら
「縁起でもない！」と
怒ってしまって……。
（40代・女性）

今は夫婦共に健康だが、
いつどちらが病気になるかわからない。
病気と縁遠かったので、そのときがきたら
どうすればよいのか。
（70代・男性）

親の終活
知りたい・知っておきたかったランキング
（n=706　複数回答／5つまで回答可）

1. 亡くなった後に必要な手続きと生前に準備できること…… 54.2％
2. 遺品整理・形見分け …… 42.6％
3. 家をどうするか …… 33.7％
4. お墓をどうするか …… 24.5％
5. 起こりうる病気やケガとその対処法 …… 23.5％
6. どんな葬儀にしたいか …… 20.3％
7. 自分らしく生きるための医療と介護の方針 …… 20.1％
8. 老後の家族との関係性の変化 …… 19.0％
9. 孤独になったときの生きがい …… 12.3％
10. 運転免許の返納 …… 11.9％

親の終活
やってほしい・やってほしかったランキング
（n=706　複数回答／5つまで回答可）

1. 家の片づけ …… 54.2％
2. 体力維持・健康ケア …… 34.0％
3. エンディングノートの作成 …… 28.2％
4. 病気になったときの治療方針の共有 …… 27.2％
5. 終末期医療の希望の共有 …… 25.6％
6. 家族・親戚との交流・意思疎通 …… 18.4％
7. 各種契約解除に必要なパスワード等のリスト作成 …… 17.0％
8. 老後も続けられる趣味・生きがいづくり …… 16.7％
9. 友人・知人の連絡先リスト作成 …… 15.9％
10. 希望の葬儀について近親者に伝える …… 13.0％

配偶者の終活　知りたい・知っておきたかったランキング
（n=565　複数回答／5つまで回答可）

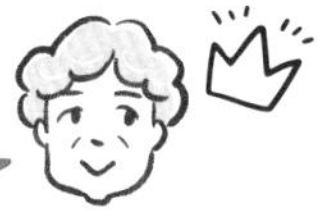

順位	項目	割合
1.	亡くなった後に必要な手続きと生前に準備できること	60.4%
2.	起こりうる病気やケガとその対処法	28.8%
3.	スマホ・PCにあるデータやSNSなどのデジタル遺産の処理方法	26.7%
4.	遺産整理、形見分け	23.0%
5.	お墓をどうするか	22.7%
6.	自分らしく生きるための医療と介護の方針	21.4%
7.	家をどうするか	20.7%
8.	孤独になったときの生きがい	20.5%
9.	定年後の仕事	18.4%
10.	老後の家族との関係性の変化	17.9%

配偶者の終活　やってほしい・やってほしかったことランキング
（n=565　複数回答／5つまで回答可）

順位	項目	割合
1.	体力維持・健康ケア	48.1%
2.	家の片づけ	41.6%
3.	各種契約解約に必要なパスワード等のリスト作成	33.5%
4.	病気になったときの治療方針の共有	31.5%
5.	老後も続けられる趣味。生きがいづくり	26.2%
6.	終末期医療の希望の共有	25.8%
7.	エンディングノートの作成	22.7%
8.	家族・親戚との交流・意思疎通	21.4%
9.	友人・知人の連絡先リスト作成	14.9%
10.	病気の告知についての希望の共有	12.9%

Q. 配偶者の終活について、困っている・困りそうなことはありますか？
（n＝1050　複数回答）

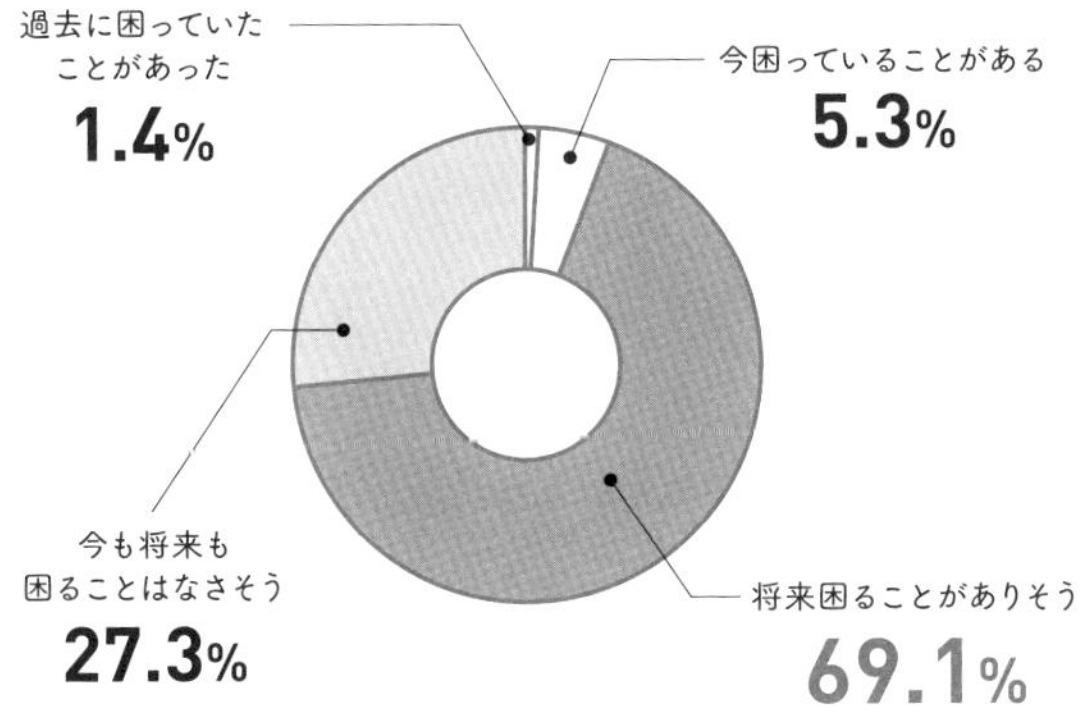
過去に困っていたことがあった
1.4%
今困っていることがある
5.3%
今も将来も困ることはなさそう
27.3%
将来困ることがありそう
69.1%

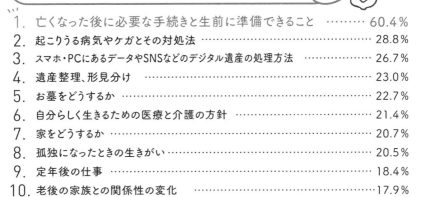

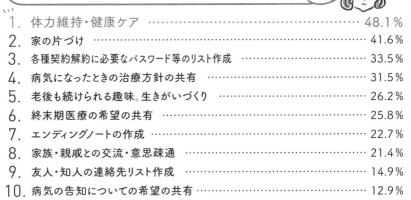

親・配偶者が高齢になったら家族で相談すること

～登場人物～
夫 A男
55歳
小学校教諭
子 A君
小5男子
中学受験予定
妻 A子
45歳
パート
A子の田舎
寡黙でちょっと厳しい
母
優しくてちょっと心配性
父
二人とも75歳
先日、久しぶりに帰省してハッとした
ちょっと見ないうちに両親の背中が小さくなっていたのだ
ありがとう
も～大丈夫?
ヨロッ
足腰も弱くなったのかな
そういえば、介護どうするとか、貯蓄のこととか、今まで話したことなかったかも……
相続のこと、お墓のこと、気になりだしたら不安になってきた……
モヤモヤ
後日
お母さん、将来のお金や介護のことお父さんと話したりしてる?
それがねぇ…
オレを年寄りあつかいするな!!
あ～
私たち夫婦も一緒に考えなきゃなあ

……っていうことがあって、両親のこと、そろそろちゃんと考えなきゃって思ったの
それは大事なことだ
詳しい先生に相談してみよう
はじめまして！
私たちにお任せください!!
福島先生
橘先生
さっそくですが……
離れて暮らす両親のこれからが心配で……
いろいろ相談してもいいですか？
もちろんです！
身近な人が高齢者になったら、新しい悩みやトラブルが出てきますから、事前に勉強していきましょうね！
介護もあるとなると、貯蓄も心配で……息子の受験もあるし……
一緒に考えよう
大丈夫！一つずつ解決していきましょう！
では、次のページから詳しく見ていきましょう！
レッツゴー!!

目次

第2章　家族で準備・共有しておきたいこと

第3章　もしものときに備える手続きと相続の流れ

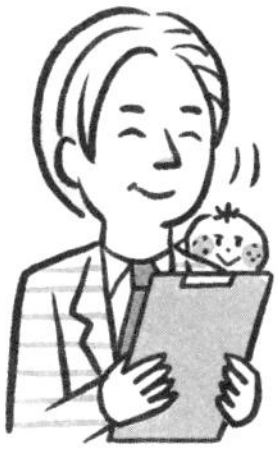

第4章　自分と家族の心のケアは？

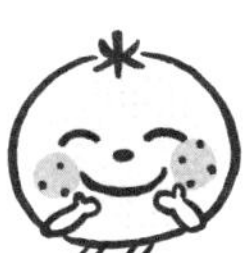

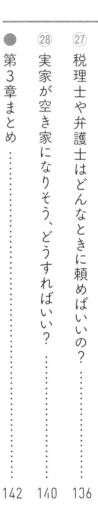

第1章

家族の老いを感じたら

知りたいポイント①

離れて暮らす親の「老い」が心配……どう見守る？

answer

自分の目だけでは行き届かない場合は外部の見守りサービスを活用する

どんな見守りサービスがある？

自分の家族が老いに直面し始めたと感じると、誰しも不安に思うもの。離れて暮らしていればなおさらです。そんなときは次のような見守り方法を活用してみましょう。

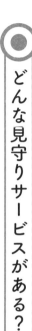

●一人暮らしの場合、介護保険サービスを利用していれば、関わるケアマネジャーやホームヘルパー（ヘルパー）らの見守り体制あり
●65歳以上で介護保険サービスの利用がない場合は、民生委員と地域包括支援センターが定期的に訪問し、安否確認などをしてくれる
●何かあったときに駆けつけてくれる「緊急通報装置」などの行政サービスもある

こうした外部の支援と連携することで、一緒に暮らしていない家族の状況を知ることができます。まずは最寄りの地域包括支援センターに相談してみるといいでしょう。

またご近所に見守りをお願いしておくのも一つの方法です。連絡先を知らせておき、もし何かあったときには連絡をしてもらうよう

これって何？

民生委員

地域住民の身近な相談相手として、生活や福祉全般の支援を行う非常勤の地方公務員。

にしましょう。

家族としてはどんな見守りができる？

電話やメッセージアプリなどで定期的に連絡をとることで、日頃からコミュニケーションをとっておきましょう。

ただ家族だけでの見守りには限度があるものです。うまく外部のサービスを取り入れながら、サポートしていくのがいいでしょう。離れて暮らす家族の状態や、どのようなことを把握したいのかによっても、求める支援の形は変わってきます。たとえば「認知症になり始めているのではないか？」という段階であれば、通常の見守りとは違うアプローチも必要でしょう。どんな支援を求めているのか、ポイントを見極めることも大切です。担当者と連絡をとり合いながら、うまく連携することで、離れていても状態が把握でき、安心です。

みんなの声
●年寄り扱いするなというけど、高齢の親がひとり暮らしなので何かと心配

見守りイメージ

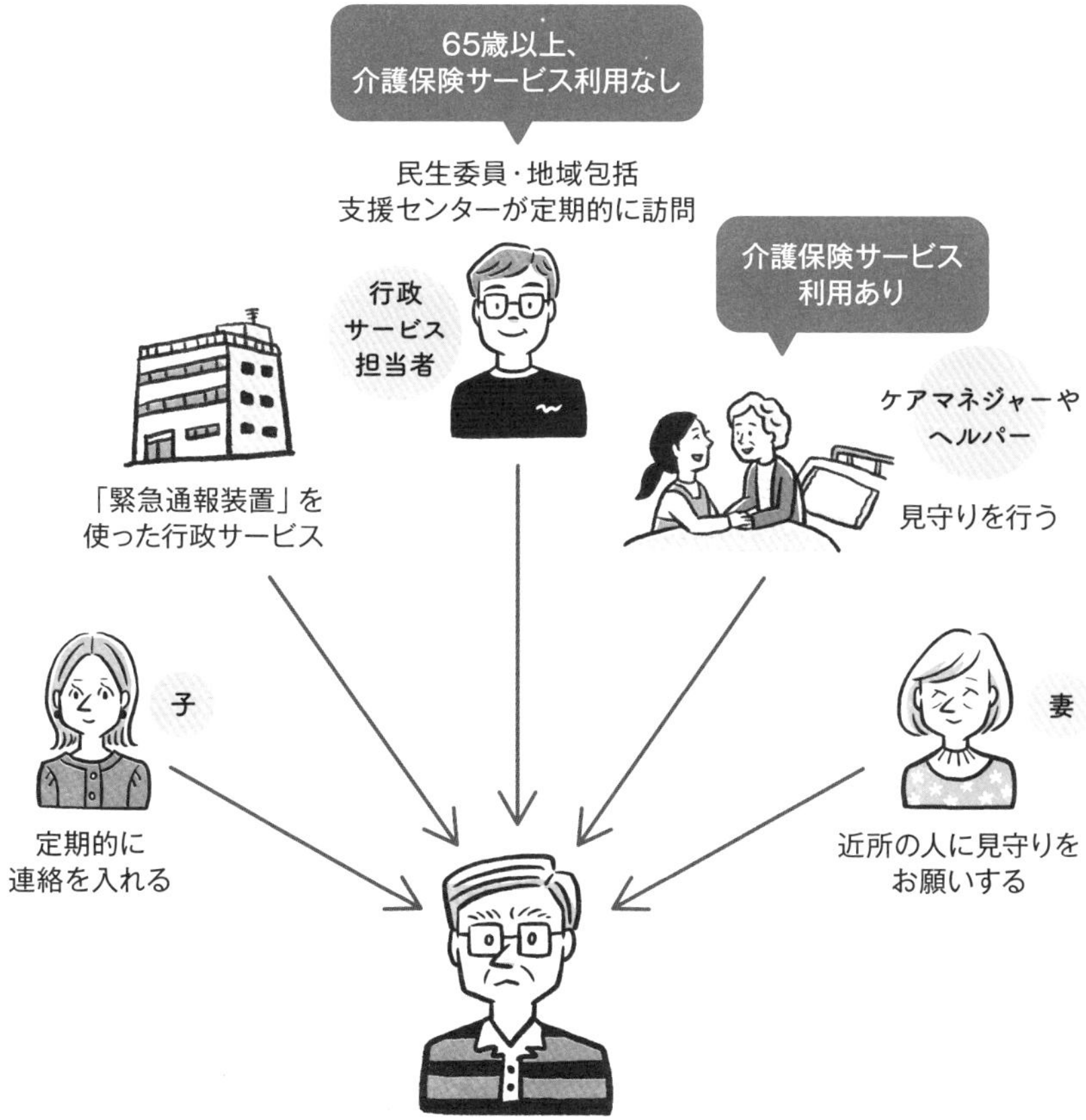
65歳以上、
介護保険サービス利用なし
民生委員・地域包括
支援センターが定期的に訪問
行政
サービス
担当者
介護保険サービス
利用あり
ケアマネジャーや
ヘルパー
見守りを行う
「緊急通報装置」を
使った行政サービス
子
定期的に
連絡を入れる
妻
近所の人に見守りを
お願いする

知りたいポイント②

老後の話をいつ、どう進める？

answer

何かきっかけがあったときに切り出そう

「変化」があったときが話すタイミング

親や配偶者の老後の生活や介護などについて、家族で話をしておきたいと考えている人は多いでしょう。でも話しにくいテーマであることもまた事実です。

話を切り出しやすいのは、何か具体的なきっかけがあったときです。

たとえば転んでしまった、要介護者（要支援者）になった、あるいは病気になってしまったときなどでしょうか。親戚や友人の入院や施設への入居なども、話をするきっかけになるでしょう。

逆に急に老後の話を始めてしまうと、「自分はまだそんなに年をとっていない」などと反発され、話がうまく進まなくなってしまう可能性があります。やはりごく自然な流れで話ができるタイミングをつくるのがいいでしょう。

〈監修者・福島先生より〉

私は父と二人暮らしなのですが、それまで老後のことについてはなかなか話しづらい状況でした。きちんと話をすることができたのは、父が病気になった3年前です。延命治療の話をきっかけに、そのまま相続についてまで、スムーズに話を進めることができました。

家族全員で話す機会をつくるには？

それぞれ離れて暮らしていると、お盆やお正月くらいしか、なかなか家族全員が顔を合わせる機会がないことも。そんなときはSNS・コミュニケーションアプリを活用するというのもよい方法です。

今は遠方に住んでいても、オンラインで簡単に画面越しに話ができる便利な時代。シニア世代はWeb会議ツールのZoomにはなじみがなくても、LINEのビデオ通話なら使える人も多いはず。

家族会議に同席できない場合は、スマートフォンやタブレット、パソコンなどで参加するなどして、ぜひ家族揃って話す機会をつくってみましょう。

また同居する子供がいる場合、親の老後の話は妻や夫にも大きく関係してくること。家族で集まる際には一緒に参加し、話を共有できるといいでしょう。

みんなの声

●要介護5の義父は、透析治療もある在宅介護。長男の嫁の私が全部やっているが、介護をしている友達も他におらず、理解してくれる人がいない

義両親の老後の世話や介護について

義両親の老後の生活や介護にどれくらい関わっていくか、というのはむずかしいところですよね。たとえ義両親と良好な間柄だったとしても、お世話でがんばりすぎてしまうことで、「夫（妻）は私に任せすぎだ」などと夫婦関係がうまくいかなくなってしまっては本末転倒です。また「嫁が介護をすべき」という考えがまだ残る家もあります。あくまでも無理しすぎないように、どこまでお世話をするか、誰が担当するかについては、夫婦間、義きょうだいも含めてしっかりと話し合い、ルールづくりをすることが必要でしょう。

もし義両親や義きょうだいのいる場で直接話しにくいようであれば、事前に夫婦間で考えを共有しておきましょう。

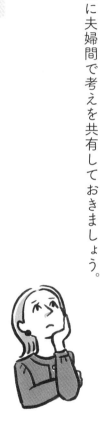

知りたいポイント③

事前に家族で共有しておきたい内容は？

answer

リストを参考に話をしてみよう

元気なうちに、知っておきたいことを話しておこう

いざ家族で老後についての話し合いをするとき、実際にどんなことを話せばいいのでしょう？　家族で共有しておきたいことリストを参考に、話しやすそうなテーマから始めてみてください。

みんなの声
●父の認知症があっという間に進行。本人の希望を聞けなくなる前に家族で話し合っておけてよかった

家族で共有しておきたいことリスト

- 友人や知人、親族の連絡先
- 現在の親の健康状態、病歴や服用している薬、かかりつけ医、アレルギー、保険証や診察券の置き場所など
- 要介護になった場合の希望（自宅や施設など）
- 実家をどうするか
- ペットをどうするか
- 老後の資金について（介護費用や施設への入居費用など）
- 延命治療について
- 葬儀や埋葬の希望、お墓の管理について
- 相続について（大切な書類や通帳、印鑑の場所などを含む）

〈話し合う前にやっておきたいこと〉

●普段から親子や夫婦間のコミュニケーションをとっておき（離れている場合は電話やメッセージアプリなどで）、話しやすい関係性をつくっておく

●きょうだいがいれば、聞きたい内容を事前に共有しておく

老後についての話は、デリケートな話題であることは確かです。自分はまだまだ若いという意識の親御さんや、夫や妻に自分の老いを素直に認められない人もいるでしょう。いきなり本題に入るよりも、まずはざっくばらんな雰囲気をつくりましょう。そして「最近何か困ったことはない？」など近況の話題から始め、そこから徐々に本題に進めていく方がスムーズかもしれません。こちらが知りたいことを一方的に聞くというよりも、まずは本人の話に耳を傾け、思いや悩みを理解しようとすることが大切です。

みんなの声
●母が脳梗塞で倒れ、人工呼吸器を使うか家族が選択することになった。父と私の意見が分かれ、母の希望を聞いていなかったことを後悔した

リストの中で特に家族で共有しておきたいこととして、次のようなことが挙げられます。

●緊急搬送された場合の延命治療について
●相続について　●介護について
●亡くなった後の葬儀やお墓について

相続については、資産そのものの話はもちろんですが、それに関連する銀行口座や通帳、暗証番号、印鑑の場所なども事前に知っておくと安心です。いざ必要になったときに見つからずにとても困った、というのは経験者からよく聞く話です。

また宗教・宗派のことなども含め、ゆくゆくはどんな葬儀を望んでいるのか、あるいはお墓についてはどうするのかについても、事前に本人の意思を確認できるといいでしょう。

これって何？
延命治療
病気の治療ではなく、延命を目的とした治療。心肺蘇生や人工呼吸、胃に直接栄養を入れる胃ろうなどがある。

家族の役割分担についても話し合いを

本人の希望や思いを共有することができたら、家族の中で役割を決めておきましょう。親についてはきょうだい同士で、配偶者の場合は子供や、場合によっては配偶者のきょうだいも交え、どのように分担できるのか話し合えるといいでしょう。現実問題として、本人の希望にすべて応えるのはむずかしいかもしれませんが、共通認識をもっておくことで、事前に準備をすることができます。

家族の中には、いつも何かを決めるときに、キーパーソンになる人がいるはずです。必ずしも長男長女である必要はないので、誰か率先して話を進めていってくれる人を中心に、役割分担や決め事をつくっていくのがスムーズに進めるコツです。役割については、金銭管理や各種契約、通院の付き添いなどが特に重要になるでしょう。

みんなの声

●自分しか知らない物のありかを、家族と情報共有しておかないととは思うのですが、なかなか会話のきっかけがむずかしいです

みんなの声
●母の介護は近くに住む私が全部やった。兄弟と少しでも共有できれば、あんなにしんどい思いはしなかったのに

こんなとき、どうする？

Q：親に通帳や大事な書類の保管場所を聞きづらい。

A：家族で食事をしているときなど、リラックスして聞きやすい雰囲気のときに本人に聞いてみましょう。

今は元気でも、ある日突然倒れて救急搬送されるケースもあります。身近で実際に困った人がいた例などをあげ、本人にとっても大事なことなので、本当に必要なときのために聞いておきたい、と伝えてみてください。

その際、きょうだいとも事前に話を共有しておくと、より話も進めやすいでしょう。

知りたいポイント④

認知症になったら財産の管理はどうするの？

answer

「成年後見制度」が利用できます

成年後見制度についておしえて

「成年後見制度」は、認知症などで判断能力が低下した人のための制度。判断能力が衰えても安心して生活できるようにするため、本人の意思決定を支援する後見人をたてることができます。財産管理だけでなく、入退院や高齢者施設への入所手続き、費用の支払いな

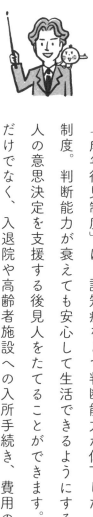

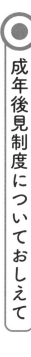

ども頼むことが可能です。

「法定後見制度」と「任意後見制度」の二つの種類があり、最大の違いは「自分自身で後見人を選べるかどうか」です。

「法定後見制度」は判断能力が低下した人に対し、家庭裁判所が後見人を選びます。

一方で「任意後見制度」は、本人の判断能力があるうちに、自分の意思で信頼できる人や専門家に後見人を頼むことができます。

成年後見制度は２種類ある

●法定後見制度

すでに判断能力が低下した人に対して、家庭裁判所が後見人を決める

●任意後見制度

判断能力低下後に備え、事前に自分の判断で親族や専門家などを後見人に決めておく

みんなの声
●認知症の親の口座を、どこまで自分が管理できるのかがよくわからない

親族は後見人になれる？

「任意後見制度」は配偶者や親戚、友人などにも後見人を頼むことができますが、「法定後見制度」は誰にするかを家庭裁判所の判断に委ねることになります。家族などが申し立てをし、家庭裁判所が本人の判断能力に応じて、「後見人」「保佐人」「補助人」のいずれかを選任します。親族または専門家（登録する弁護士や司法書士など）、福祉関係の法人等の中から選ばれますが、最近の傾向として親族が選ばれることは少ないようです。

理由として「成年後見制度」が発足した当初、親族の後見人による財産の横領事件が多発した背景があります。以来、それを防ぐため、「法定後見制度」では専門家等が後見人に選ばれる傾向があります。

みんなの声
●お金の管理を安心して任せておけるところは?

〈専門家が後見人になるデメリット〉
●月々2万~6万円ほどの報酬を支払わなければならない。一度契約内容がスタートすると、被後見人が亡くなるか、または判断能力低下の症状が完全に回復するまで契約が続き、コストがかかり続ける
●お金の引き出しには後見人の許可が必要となる。被後見人に無関係なお金だと後見人が判断した場合、引き出しを認めてもらえず、不便が生じることも

これって何?
家庭裁判所
万引きなど未成年者の非行に関する「少年事件」のほか、家庭内のもめごとといった「家事事件」を解決する裁判所。成年後見や遺産分割などについても取り扱う。

知りたいポイント⑤

そもそも介護は家族がすべき？

answer

知識や技術のある人の助けをうまく借りよう

家族だけでがんばらなくていい

介護に対する考え方は、住んでいる地域や環境、生活スタイル、その人の年齢、そもそもの育った環境や各家庭の考え方などにより、違っていて当然。昔の家父長制のようなものは、最近はほとんど見かけなくなってきましたが、地域によっては今でも、「介護は家族がするべき」という風潮がまだ根強く残るところもあるようです。

これって何？

家父長制

父系の家族制度において、家長が絶対的な支配権をもつ家族形態のこと。

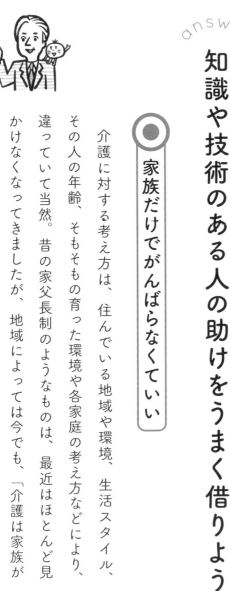

みんなの声

●両親・義両親の介護がいつ始まってもおかしくない状況です。フルタイムで働いているので、どこまで負担できるか心配

2000年に介護保険制度が始まり、「ヘルパー」「デイサービス」といった言葉はすでになじみがありますが、実際には介護保険制度をよく知らない人はまだまだ多いようです。中には家族だけで介護をがんばりすぎて、追いつめられてしまうケースも少なくありません。介護疲れでうつ病や共倒れにならないよう、あまり周囲の目を気にせずに制度やサービスなどを頼ることが大切です。

大事なのはまず家族でよく話し合うこと。どこまで第三者が介入するかの相談も含め、「知識や技術のある専門家」にしっかりとサポートしてもらいましょう。介護される人も、家族からよりも専門職の人に介護してもらう方が抵抗感が少ない場合もあります。

〈ここがポイント〉

家族だけで抱え込まないで、プロのサービスをうまく利用しよう

施設に入りたくない親をどう説得する？

家族は「施設に入ってほしい」と思っているけれど、当の本人はその話を受け入れられず、かたくなに拒否するケースがあります。子どもに対する反発心や、「家族に捨てられるのでは？」という不安感もあるかもしれません。

でも家族からこういった話が出るというのは、本人に「これ以上、家での生活を続けるのがむずかしい何らかの症状が現れている」ということ。そんなときは、担当医やケアマネジャーから話をしてもらうようお願いしてみましょう。

家族からの話は聞き入れられなくても、信頼のおける専門家の話には耳を傾けてくれるものです。特に病院の先生の言葉は、受け入れてくれる場合が多いようです。

みんなの声
●夫が要介護になり、公的支援も受けている。仕事で精神状態を保っているが、介護期間が長くなり、ストレスで夫に優しくできない

親の世話や介護の負担、誰がどこまでする？

家で親や配偶者の世話や介護をするとき、どうしても実質的な負担が大きくなるのは、同居をしている家族であることが多いでしょう。その場合、別居している家族は、まずは日頃の介護への感謝の気持ちを伝えることがとても大事です。

どのように負担を分け合うかは、家族間でお互いの考えを伝えた上で、しっかりと話し合って決めましょう。きっちりと役割を線引きした方が、のちのトラブルも少なくなります。

毎日、親のお世話や介護をしている家族にとっては、たまに帰ってきた家族から口を出されるのは腹が立つものですし、関係がギクシャクする原因にもなります。「普段何もしてくれないのに、意見だけ言ってくる」という気持ちにもなるでしょう。

みんなの声
●離れて暮らしているので、同居しているきょうだいとの介護の役割分担について悩んでいる

普段介護をしている家族は、「自分はここまではできる」「これに関しては口を出さないでほしい」「これ以上はできないから、この部分はやってほしい」と自分の言い分をはっきりと伝えましょう。その上で家族間でしっかり話し合い、ルールや役割分担を決めた方がスムーズにいくでしょう。

〈介護する家族間の役割分担の一例〉
●同居する家族→日常生活の見守りやお世話、介護など
●離れて暮らす家族→重いものや大きなものの買い物やその手配、親を旅行に連れていく、親に代わってお墓参りに行くなど

〈ここがポイント〉
- **お互いに思いやりの気持ちと感謝の言葉を忘れずに**
- **しっかりと話し合い、役割分担やルールを決めよう**

これって何？
主たる介護者
主な介護者の6割弱は要介護者と同居をする人で、続柄は配偶者、子、子の配偶者の順に多い。

介護を担う家族との接し方は？

厚生労働省が平成22年に行った「同居の主な介護者の悩みやストレス状況」についての調査によると、6割超の人が日常生活の悩みやストレスがあると答えており、その原因は男女ともに「家族の病気や介護」が群を抜きトップになっています。

遠方に住む家族は、次のようなサポートを心掛けましょう。

- 「いつも任せてばかりでごめんね」など労いの言葉をかける
- 介護のやり方に口を出したり、むやみに批判しない
- 介護や家事など、主たる介護者がやってほしいことを手伝う
- 主たる介護者が孤独に陥らないよう、まめに連絡をとる
- 金銭面でサポートする

知りたいポイント⑥

介護保険制度ってどんなもの？

answer

介護費用やサービスをサポートする制度

介護保険制度の仕組み

介護保険制度は高齢者の介護を、家族だけでなく、社会全体で支えていくためにつくられた制度。原則として65歳以上の人が申請することができますが、40歳から64歳までの人でも、老化に起因する16種の特定疾病に該当する場合は、介護保険を申請することができます。

手続きについては、市区町村の窓口で本人か家族が申請するか、もしくは最寄りの地域包括支援センターでも申請代行ができます。

また入院中に介護保険の申請をしたい場合は、病院の相談員にお願いをすれば、申請代行をしてもらうことができます。

介護保険申請後の流れ

①介護保険を申請し、訪問調査の日時を決定する

②家族などが立ち会い、本人と調査員が面談。全国一律の基準に基づき、現在の介護の労力（介護の手間）を判断する認定調査を行う

③一次判定で、訪問調査票の結果をもとにコンピュータ判定

④二次判定では、有識者によって要介護度を判定

どちらの場合も、主治医の意見書も参考にします。申請をして結果が出るまでは30日ほどかかり、認定されれば1〜3割負担で介護保険サービスを受けることができます。

みんなの声

●介護を自分だけでするのはむずかしいので、家族以外の施設やヘルパーさんを頼みたい

これって何？

地域包括支援センター

地域住民の心身の健康維持や生活の安定のために必要な援助を行う。保険医療の向上や福祉の増進を包括的に支援することを目的とする施設。

みんなの声
●実父が高齢になる前に、介護保険制度などを詳しく知りたい

「要介護度」「要支援状態」「要介護状態」って?

「**要介護度**」とは、現時点でどのくらいの介護を必要とするかの指標のこと。介護保険申請で介護が必要と認められた場合、「要支援1、2、要介護1~5」という7つの区分のいずれかに該当することになり、介護保険サービスを利用することができます。それぞれの区分により、利用できるサービスは異なります。

「**要支援状態**」は、常に介護が必要というわけではないけれど、家事や身支度などの日常生活で支援が必要です。要支援1と2があり、要支援認定を受けた人は、生活するために必要な機能をできるだけ維持・改善していくための「介護予防サービス」が利用できます。

「**要介護状態**」は認知症や寝たきりの状態で、入浴や排せつ、食事などの日常生活全般で常に介護が必要です。要介護1から5まで細かく分けられ、要介護5がいちばん重い状態です。

これって何?
介護予防サービス
住み慣れた地域の中で、自立した生活を続けるための支援。

介護保険制度で要介護または要支援認定を受けた人の数は年々増えており、平成20年度末の452・4万人から、平成29年度末には628・2万人まで増加しています。（厚生労働省「介護保険事業状況報告（年報）」より）

みんなの声
●いざ家族に介護が必要になったときに、どこに相談・連絡をすればいいの？

介護保険って、申請してすぐには使えないの？

「申請して要介護認定が出るまで、待つことができない」「できるだけ早く介護保険サービスを使いたい」という場合は、正式な認定を待たずに利用し始めることが可能です。ケアマネジャーは、認定を受ける人がどれくらいの介護度になるかを、おおよそ見立てることができるので、それをもとにして介護保険サービスを使い始めることも。ただし、認定結果が見立てと違う場合もあるため、担当のケアマネジャーとよく相談した上で進めるのがよいでしょう。

みんなの声

●在宅で介護をするとなったときに、夜間の排せつ介助など介護疲れが心配

介護保険の要介護度ごとの基準

要支援・要介護度に関わる5分野

直接生活介助	入浴、排せつ、食事等の介護
間接生活介助	洗濯、掃除等の家事援助等
問題行動関連行為	徘徊に対する探索、不潔な行為に対する後始末等
機能訓練関連行為	歩行訓練、日常生活訓練等の機能訓練
医療関連行為	輸液の管理、じょくそうの処置等の診療の補助

↓ 上記の要介護認定等基準時間で要支援・要介護度が決まる ↓

要支援1	日常生活の基本的動作をほぼ自分で行える。見守り・支援が必要な程度。
要支援2	立ち上がるときの補助・移動時の支えなど、部分的な支援が必要な程度。
要介護1	身体機能の衰え・思考力や判断力の低下が見られ、 問題行動も発生。部分的な介護が必要になる。
要介護2	食事・排せつ時に部分的な介護が必要となる。
要介護3	家事のほかに、昇降や歩行も不自由となるため、ほぼ全面的な介護が必要となる。
要介護4	さらに動作能力が低下し、介護なしには日常生活を送ることが困難になる。
要介護5	寝たきりの状態で、介護なしには日常生活を送ることがほぼ不可能に。 意思疎通ができないことも。

みんなの声

●介護保険サービスの認定を受けるには、どんな順序で進むのか詳しく知りたかった

介護保険サービスを利用するまでの流れ

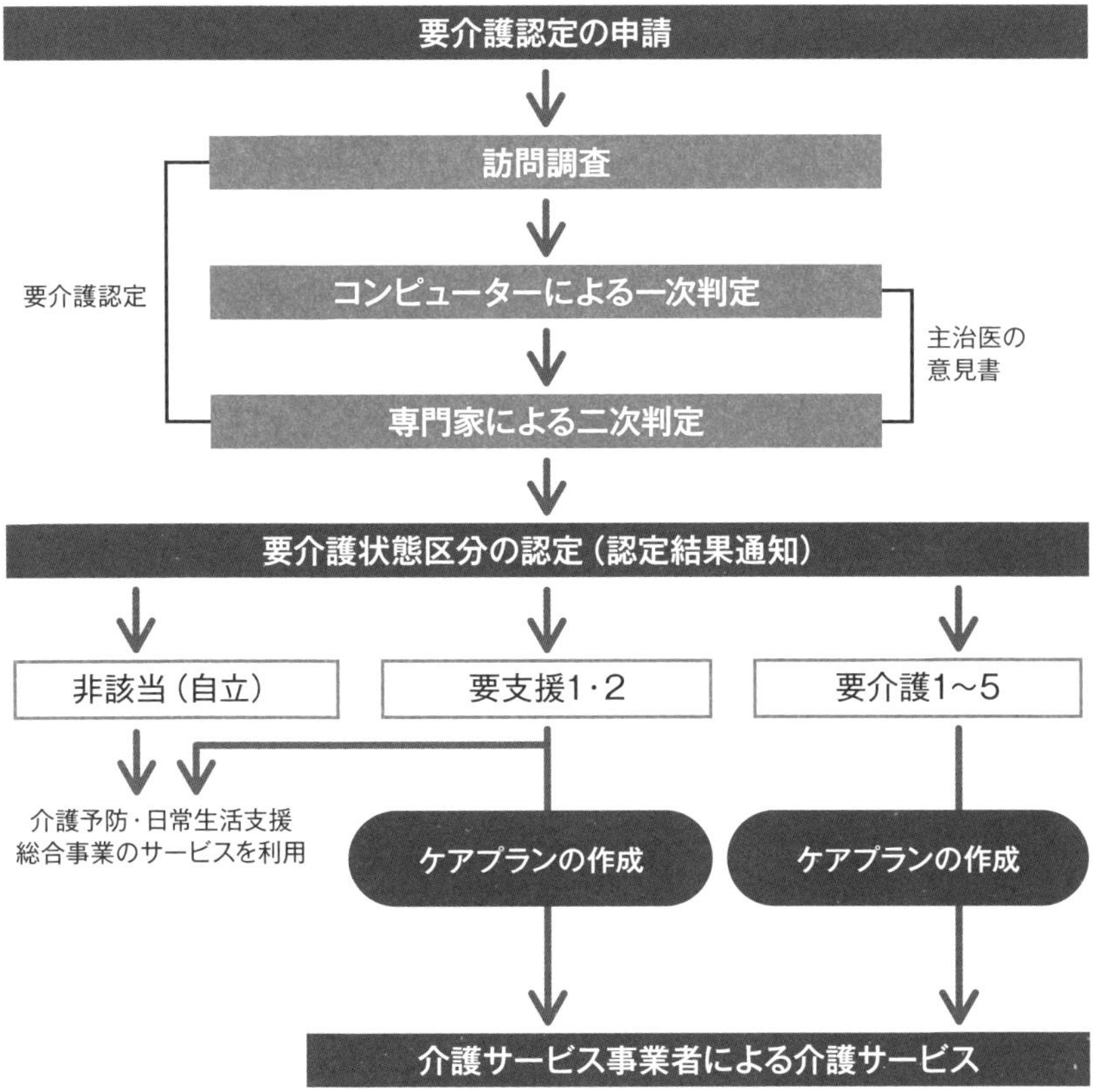
要介護認定の申請
訪問調査
要介護認定
コンピューターによる一次判定
主治医の
意見書
専門家による二次判定
要介護状態区分の認定（認定結果通知）
非該当（自立）
要支援1・2
要介護1～5
介護予防・日常生活支援
総合事業のサービスを利用
ケアプランの作成
ケアプランの作成
介護サービス事業者による介護サービス

これって何？

ケアプラン

利用者一人一人に応じたサービス内容や目標を設定するための計画表。

要介護認定は本人の現状を的確に把握してくれる？

家族の介護経験者の話でよく聞くのが、要介護認定の面談の際に、認定調査員に対して本人が、いつもよりもしっかりとした態度で応じたので驚いた、というケースです。家族としては、普段はとてもお世話が大変なのに、面談のときはどうしてこんなにしっかりするのだろう？　と感じることも少なくないようです。

実際に介護をする家族は、できる限り普段どおりの状況を介護度に反映させてほしいと思っているでしょう。本当に適切に判断してもらえるのかと疑問を持つ人もいるようですが、実際のところどうなのでしょう？

一般的にはこういったことを防ぐために、次のような配慮がされています。

みんなの声
●祖母が要介護5になり最後まで施設で暮らしたが、実母は家で過ごさせたい

●調査員の方から、「面談では○○でしたが、本当のところ日頃の様子はどうなんでしょうか？」とケアマネジャーに尋ねる
●面談とは別に、家族がケアマネジャーを通して、認定調査員に日頃の様子を伝えてもらう
●本人がいないところで、調査員が家族に直接様子を聞く

こういったことも踏まえたうえで要介護認定が行われているので、きちんと判断されていると考えて大丈夫でしょう。

もし徘徊や暴力など、調査員に伝えておきたいことがあれば、事前にメモをして調査員に伝えられるようにしておきましょう。

知りたいポイント⑦

介護保険で利用できる主な在宅サービスは？

answer

訪問、通い、泊まりなど多種多様

介護が始まるタイミングって？

介護が必要となるときはある日突然やってきます。どんなタイミングかは人それぞれですが、誰にでも起こり得るものです。たとえばきっかけはこのようなことかもしれません。

みんなの声
●親と同居で介護を覚悟している。夫やきょうだいの協力が期待できないので、介護サービスを利用しようと考えている

●歩くのがだんだんつらくなってきた
●排せつで失敗することが増えてきた
●一人でお風呂に入れなくなってきた

あるいはいきなり倒れて救急搬送され、入院することも考えられます。ときには退院したあとも麻痺や障害が残り、一人暮らしがむずかしくなる場合もあるでしょう。

介護保険法において、「身体上又は精神上の障害があるために、入浴、排せつ、食事等の日常生活における基本的な動作の全部又は一部について、厚生労働省令で定める期間にわたり、6カ月継続して、常時介護を要すると見込まれる状態」を要介護状態といいます。

これって何？
介護保険法
介護や支援が必要な人を、社会全体で支え合うための「介護保険制度」について定めた法律。

ケアマネジャーってどんな人？

　要介護認定を受けた後は、介護サービスを利用するために「ケアプラン（介護サービス計画書）」を作成していきます。これをサポートしてくれるのが、ケアマネジャー（介護支援専門員）です。
　介護保険サービスの利用は、要介護状態の区分によって、月々の支給限度額も異なります。ケアマネジャーは、この支給限度額の範囲内で、利用者が自宅で生活していくために受ける介護サービス内容のケアプランをつくり、サービス事業者や自治体との調整を手配してくれます。

　ケアマネジャーは介護のパートナーとして利用者本人や家族と深く関わっていく相手なので、話しやすさや人柄、相性のよさなどはとても大切です。ケアマネジャーは一度決めたら、もう代えること

みんなの声
●ケアプランっていう言葉はよく聞くけれど、実際にどんな計画を立ててくれるんだろう

ができないと考えている人も多いのですが、決してそんなことはありません。

話を建設的に進めていくには、信頼関係を築ける相手かは重要なポイントです。もし相性が合わないと感じたら、他の担当の人に代えてもらいましょう。

地域包括支援センターや市区町村の担当窓口など、ケアマネジャーを紹介してくれた場所に相談するのがスムーズです。

〈ここがポイント〉

信頼のおけるケアマネジャーを探しましょう

これって何？

サービス事業者

在宅サービスや施設サービスを提供する事業者のうち、介護保険の適用を受けるサービスを提供する事業者。

みんなの声

●家族会議で老後の話をしたとき、ずっと自宅で過ごしたいという親の気持ちを聞いたが、現実的に可能なのか……

在宅で利用できる介護サービス

介護保険で利用できる在宅サービスには、次のようなものがあります。

●ホームヘルパーによる訪問介護

食事や排せつなどの介助、掃除・洗濯などの家事援助

●訪問入浴介護

通常の浴槽での入浴が困難な人に向け、専用の簡易浴槽で、自宅で入浴を介助する

●デイサービスの利用

食事や入浴などの生活支援のほか、レクリエーションも楽しめる

●施設へのショートステイ

施設に短期間、宿泊するもの。介護者が一時的に介護できなく

これって何？

ショートステイ（短期入所生活介護）

施設に短期間宿泊し、その期間だけ介護や生活支援を受けられるサービス。

なった場合や、介護の負担を軽くする役割がある

●通所リハビリテーション

利用者ごとの実施計画をもとにして、施設でリハビリを行う

●医師や歯科医師・薬剤師などによる訪問

直接的な治療は行わず、療養上のアドバイスなどを行う

●訪問看護・訪問リハビリ

看護師や理学療法士などが訪問し、必要な診療の補助やリハビリなどを行う

また、普段の生活で使うための歩行器や車椅子など、福祉用具のレンタルもあります。

〈ここがポイント〉

種類はさまざま。家族に本当に必要なサービスを選ぼう

知りたいポイント⑧

老後に住む施設にはどんな種類がある？

answer

自立型から介護付きまでさまざま

主な施設の種類

主な老人ホームや介護施設は現在9種類あり、それぞれで入居できる方の条件が違ったり、費用もさまざまです。

どのような施設を選んだらよいか、各施設の特徴や入居条件、費用の目安もあわせて無理なく本人にあった施設を選びましょう。

みんなの声
●近所に住む高齢の方が施設に入所したけれど、
毎日楽しんでいると聞いて安心しました

老人ホーム・介護施設の種類

主に介護が必要な人向け

公的施設

●特別養護老人ホーム（特養）
月額10万円前後／要介護3～5

●介護老人保健施設（老健）
月額15万円前後／要介護1～5

●介護医療院
（介護療養型医療施設）
月額17万円前後／要介護1～5

民間施設

●介護付き有料老人ホーム
月額15万～35万円／要介護1～

●住宅型有料老人ホーム
月額15万～35万円／自立～

●グループホーム
月額15万～35万円／
認知症高齢者

主に介護をまだ必要としない人向け

公的施設

●ケアハウス
（軽費老人ホームC型）
月額15万円前後／自立～

民間施設

●サービス付き高齢者向け住宅
月額10万～30万円／自立～

●シニア向け分譲マンション
月額数十万円／自立～要支援2

※金額はあくまでも目安で食費は別。施設や地域、要介護度によって異なる。
※別途入居一時金などがかかり、金額は0～1000万円以上と大きく異なる

〈介護が必要な方の主な施設〉

●特別養護老人ホーム（介護老人福祉施設）

通称「特養」と呼ばれており、介護がなければ日常生活に支障があり、在宅では適切な介護を受けるのがむずかしい人のための生活の場。原則として、申し込みできるのは要介護3以上ですが、実際には介護度の高い人が優先されます。

●認知症高齢者グループホーム（認知症対応型共同生活介護）

比較的症状が安定した認知症高齢者向けの施設です。5～9人の少人数グループで共同生活を行います。地域密着型サービスのため、施設のある地域に住む人だけが利用できます。

●有料老人ホーム

一口に「有料老人ホーム」といっても、介護のケアがほとんどないところもあれば、施設内で介護保険サービスが受けられるとこ

これって何？

認知症

脳の病気などさまざまな原因により、認知機能が低下して社会生活に支障をきたした状態。

みんなの声
●施設の入所希望者が多く、順番待ちもあると聞くが本当なのか

ろもあります。

〈介護をまだ必要としない人向けの主な施設〉

●シニア向け分譲マンション

●ケアハウス（軽費老人ホームC型）

自宅での生活が困難な方が、食事や洗濯などの生活支援サービスを受けられ、助成制度があるので低所得の高齢者も入居できます。

〈その他の施設〉

●シルバーハウジング

●グループリビング

●サービス付き高齢者向け住宅

比較的要介護度が低い高齢者のためのバリアフリーが完備された住宅

これって何？
介護福祉士
介護における唯一の国家資格で、介護を必要とする人の生活行為や生活動作を支援し、サポートする知識と技術を持つ。

介護施設や有料老人ホームの費用は何にどれくらいかかる？

介護施設や有料老人ホームでかかる費用は、次のようなものです。

●介護費用
●食費
●居住費（家賃）
●管理費（民間の有料老人ホームの場合）
●生活費等

介護費用については、介護保険によって利用者は1〜3割負担となりますが、日々の生活をするわけですからその他の部分で諸々かかることがおわかりでしょう。

施設や要介護度にもよりますが、P55で示したように食事や介護

みんなの声
- 姑は施設にいるが、先が見えないので今後の支払いが不安
- 老人ホーム代を年金でまかなえるのか？

費用を含めた月額費用がかかります。また、有料老人ホームでは入居一時金などの初期費用がかかるところも多く、サービス付き高齢者向け住宅の場合は、一時金ではなく敷金が発生します。介護はいつまで続くのかなかなか先が読めないもの。特に、有料老人ホームなどは、年金だけで費用をまかなうのは現実的にむずかしいため、ある程度の貯蓄も必要になってくるでしょう。足りない分は子供が分担し合う場合も多いようです。

〈ここがポイント〉

家族で話し合いをする際は、
- **財産の状況を把握する**
- **介護する場所の希望を聞き、かかる費用を把握しておく**
- **施設費用の分担を確認する**

これって何？

敷金
居室を退去するときの修繕費の預かりとして支払う費用（保証金など、施設により呼び方は異なる）。

知りたいポイント⑨

相続について生前どう話し合う？

answer

まずは一緒に正しい知識を身につけよう

スムーズな話の進め方は？

最初からいきなり親や配偶者に相続や遺言の話をするのは、ハードルが高いですよね。相続については誤解も多く、間違った情報をうのみにしたまま話し合いを進めてしまうと、揉める原因にもなります。

まずは二段階に分けて、家族で話を共有していった方がスムーズ

これって何？

相続

亡くなった方が所有していた財産（すべての権利や義務）を、特定の人が引き継ぐこと。

みんなの声
●姉がヘルパーをしていて介護や相続の知識があり、助かった。知識を得ておくのは大事

にいくでしょう。

1 親子や夫婦で、相続の正しい知識を習得する
←
2 法律や税制をふまえ、相続をどう進めていくか具体的に話し合う

〈知識を習得するにはこんな方法がある〉
●相続のわかりやすい本を一冊購入し、親や配偶者にプレゼントする
●「相続セミナー」に親子や夫婦で参加をしてみる（ただし、不動産や生命保険の営業の話がセットになった、宣伝要素の強いセミナーもあるため、注意が必要）

これって何？
セミナー
決まったテーマについて講師が参加者に教えること。

相続対策は必要なの?

相続問題というと、ごく一般的な家庭にはあまり関係のないイメージがあるかもしれません。でも2021年の家庭裁判所における相続争いの件数をみると、遺産額が1000万円以下の家庭が約3割を占めています。それまで家族仲がよかったのに、相続の些細なトラブルから犬猿の仲になってしまうなどということは、どの家庭でも起こり得るのです。そんな悲しいことにならないためには、どんなことを共有しておいた方がいいのでしょう?

事前にやっておけることとして次のようなことがあります。

●法定相続人や法定相続分を家族で把握

誰が法定相続人かや法定相続分の割合について共通認識を持つ

●財産内容のリストの作成

事前に財産目録を作り、紙面で保管しておいてもらう

これって何?

法定相続人

民法において被相続人の財産を相続できる人(詳しくはP128)。

●**「分けられない遺産」について話し合う**

土地などの分けられない遺産の相続についてどうするか決めておく

●**成年後見制度を活用**

認知症など判断能力が低下した人のための「成年後見制度」を検討

●**家族信託を利用**

自分の老後の生活や介護資金などのために、保有する資産の管理や処分を家族に任せる「家族信託」を検討

●**遺言書を残してもらう**

遺言書は相続の揉め事を防ぐために有効。ただし不公平すぎると、トラブルの原因になる可能性がある

●**相続税について知っておく**

相続税がかかるかなど事前に調べておく

相続については第3章で詳しく説明します。

これって何？

被相続人

現金や不動産など財産を遺して亡くなった人。

みんなの声
●話し合いたいのに親に高齢の自覚がなく、とりあってくれずに困っています
●もめないようにしたいが、どうすればいい？

家族で相続の話を共有できる機会がない

いちばん望ましいのは、**お盆や年末年始などの家族が揃ったタイミングで話し合うことです**。でも遠方に住んでいると、家族会議をしなければと思いながらも、全員で話し合うのがむずかしいことも少なくありません。そんなときは相続をする本人が、特定の人に意向を伝えておく場合が多いようです。

たとえば夫婦で健在のときに、相続の意向を伝え合い、内容を共有しておく。一人が亡くなったあとは、もう一人が自分の死後の相続について、話しやすい相続人に伝えておく、といったパターンです。

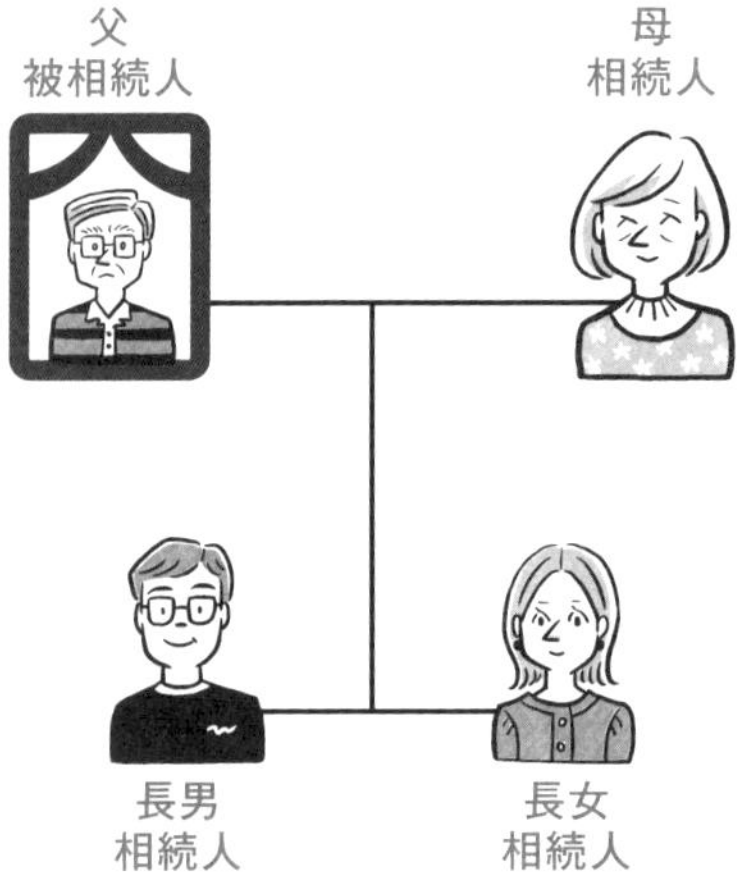
父
被相続人
母
相続人
長男
相続人
長女
相続人

被相続人と相続人の関係見本図

みんなの声
●財産目当てと思われたくない

義実家の相続にどこまで介入してもよいもの？

自分が義親のお世話や介護をした場合などに、「自分の夫（妻）に、ほかの相続人よりも多く相続してほしい」と考える場合もあるかもしれません。実際に、相続人が遺産の分け方について協議する際、その妻（夫）が横から介入して、もめ事の原因となってしまうことが非常に多いのです。

しかし相続の話し合いは、**基本的に相続人同士の気持ちを大事にしながら決める**べきもの。たとえ口をはさみたくなる気持ちがあったとしても、直接的に介入するのは控えて、相続人同士の話し合いに任せた方がいいでしょう。

まとめ

第1章

家族の老いを感じたら

- 離れて暮らす家族の見守りには、家族同士の普段のコミュニケーション＋地域の力も借りよう

- 老後の話は進めにくい？　家族のケガや病気のときが、自然に話を切り出しやすいかも

- 特に共有しておきたいのは、いざとなってからでは確認できない本人の意思。延命治療や相続、葬儀やお墓などについて

- 介護を家族だけでがんばろうとするのはNG。よく話し合い、介護保険制度をうまく活用して

- 間違った知識をうのみにして、相続の話を進めるのはトラブルの元。まずは家族で正しい知識を身につけよう

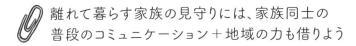

第2章

家族で準備・共有しておきたいこと

知りたいポイント⑩

モノが多い。片づけてほしい

answer

片づけが必要な理由を単刀直入に話してみる

本人が留守のときに、実家の物を処分するのはNG？

実家の片づけが進まないと、親が不在のときに処分してしまいたくなること、ありますよね。

でもそれはNGです。勝手に処分したことで、関係がこじれることにもなりかねません。

変に気を回しすぎるよりも、単刀直入に話をしてみた方がいいで

みんなの声

●義母の家を片づけた際、台所の棚の一部が未使用のタオルや引出物の食器、紙袋で埋まっていて驚いた。処分したらかなりスッキリ

しょう。なぜ片づけをする必要があるのか？　物が多い状態をずっと放置した場合、先々どんな問題が起こるのかを、冷静に話してみてください。

●上から物が落ちてきたり、物に足が引っかかって転ぶなど、ケガをするのが心配。災害時の避難にも支障がある
●必要なものや大事な書類が見つかりにくく、いざ探すときに困る

実際のところ、どのタイミングで片づけをするかは、かなりむずかしいものです。きっかけの一例としては、本人に体の状態を尋ねたときに、何か不自由さを感じるような発言が出た場合は、話を進めやすいかもしれません。たとえば、「最近つまずきやすくなって」という話が出たら、「それじゃ危なくないように、一緒に物を整理していこうよ」と促してみるのはどうでしょうか。

みんなの声
- 親のときは一人で処分したので、3年もかかって大変だった
- 写真も整理してほしい

業者に家の整理を依頼するとどれくらいかかる？

誰も住まなくなった家の物を整理してくれる業者はたくさんいます。相場は1DKで5万〜15万円、4LDKで25万〜60万円ほどとかなり幅があります。処分するものの量や建物の状況（部屋の階数やエレベーターの有無など）、買取品の量などによって費用はかなり変わってくるようです。

依頼先を検討する際は、相見積もりで数社を比較してから決めると、予算を抑えられるでしょう。ただし、中には怪しい業者も。担当してくれたケアマネジャーや地域包括支援センターのスタッフに、信頼できる業者を紹介してもらうのも一つの方法です。

いずれにしても、業者に片づけを依頼すれば、かなりの出費になることは事実。親が元気なうちに、取りかかりやすいところから始めてみましょう。

これって何？
相見積もり
同時に複数の業者や企業から商品やサービスの見積もりを依頼し比較すること。

みんなの声
●急逝した義父は、家の片づけだけでなく、口座や株、知人の連絡先まですべて整理しておいてくれたので、本当に助かった

なかなかスタートが切れない場合は、ずっと実家に置きっぱなしになっている自分の物を片づけるところからスタートしてみるのもいいでしょう。

また、包装紙や紙袋、雑誌、粗品でもらったタオルなどは、長い間ずっと保管している人も少なくありません。思い出の品に比べれば、処分しやすいでしょうから、思い切って親子で取り組んでみては？

部屋の中が目に見えてすっきりしてくれば、人はスイッチが入るもの。もしかしたらそのまま順調にモノの処分を進めることができるかもしれませんよ。

知りたいポイント⑪

車の免許を返納してくれない

answer

まずは話をよく聞いて。話すタイミングも大事

免許をスムーズに返納してもらう方法は？

ニュースでよく耳にするのが、高齢者ドライバーによる交通事故。自分のケガだけでなく、加害者にもなりうるだけに、早いうちに車の免許を返納してほしいと考える家族は多いでしょう。

免許返納について話をする際には、まず本人の話をしっかりと聞き、今運転免許が必要な理由を確認してみましょう。高齢者の自動

みんなの声

●違反をしたり、駐車場にぶつけても、返納したがらないので困っています

車事故の話も交えつつ、心配していることを伝えてください。

その際、話を切り出すタイミングを工夫することも大切です。たとえば家族で旅行に行って、和やかな雰囲気のときなどは話しやすいかもしれません。

もし家族が話をしてもなかなか免許返納に応じてくれない場合は、かかりつけ医に話をしてもらうことで聞き入れてくれることも。あるいは親が信頼する親族や友人にお願いしてもいいかもしれません。また各都道府県警察の「安全運転相談窓口」でも、自主返納などの相談に乗ってもらうことができます。

話をしても免許返納がむずかしい場合は、「サポートカー限定免許制度」の利用も考えてみましょう。衝突被害軽減ブレーキなど、安全運転サポート機能がついた車限定で運転をすることができます。

これって何？

運転免許の自主返納

運転免許が不要になった方や、加齢に伴う身体機能や認知機能の変化により、運転に不安を感じている高齢運転者が、自主的に運転免許証を返納すること。

みんなの声
●高齢者の誤操作による事故のニュースを見るたびにドキッとします……

免許返納後はどんな移動方法がありますか？

各自治体によってさまざまですが、無料または低額で公共バスに乗れるところもあります。あるいは自治体だけではなくＮＰＯ法人や社会福祉法人運営の「福祉有償運送」と呼ばれる車による運送サービスもあるので探してみましょう。

また免許不要のシニアカー（ハンドル型電動車椅子）も注目されています。最大６km／hと成人が早歩きするくらいの速度で、操作も簡単なので、気軽に外出するのにいいかもしれません。

車に乗らなくなったら引きこもらないか心配

やはり外とのつながりを持つことは、認知症予防のためにも大切ですよね。たとえば外出先として、左のような場所があります。

これって何？
要介護認定
介護サービスの必要度（どれくらい、介護のサービスを行う必要があるか）を判断するもの。

●定期的に外食や旅行の機会をつくる
月一度でも何か楽しみをつくることで、生活にもハリが出て認知症予防にもつながるでしょう。

●デイサービスの利用
要介護認定を受けていれば利用できます。食事や入浴、レクリエーションなど、充実した日中を過ごすことができます。

●地域にある通いの場やジムのような運動型の公共施設などの利用
気になるところがあれば見学してみるといいでしょう。一度体験してみると、通うのが楽しみになるかもしれません。

これって何？
通いの場
地域住民が気軽に集い、ふれあうことで、生きがいや仲間をつくれる場所。

知りたいポイント⑫

家族の異変にどう気づく？

answer

こまめにコンタクトをとろう

認知症のサインはどんなもの？

家族が高齢になってきたとき、気になってくることの一つが「認知症」でしょう。

認知症は思考力や記憶力、判断力などの機能が少しずつ損なわれていく状態のこと。患者数は年々増えており、2025年には65歳以上の5人に1人が認知症になるといわれています。

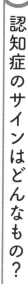

みんなの声

●一人暮らしの母から何枚も年賀状が届き、おかしいと思ったのが、認知症がわかったきっかけでした

認知症の初期段階の特徴の一つとして挙げられるのが、物事を論理的に組み立てて考えるのがむずかしくなってしまうことです。

組み立てる工程として具体的な例を二つ挙げましょう。

〈服を着る場合〉

服を選ぶ→服を身につける→ボタンを留める

〈お風呂に入る場合〉

服を脱ぐ→体を洗う→湯舟に入る→湯舟から上がる→服を着る

これらの工程が順を追って行えなくなります。

他にも、料理の味つけが変わる、長年の趣味への関心がなくなるのも初期症状の可能性があります。認知症にはいくつかの種類があり、現れる症状もさまざまなので、これは一例に過ぎませんが、高齢の家族と会ったときにぜひ気にかけてほしいポイントです。

みんなの声
●家族が認知症になってしまう前にどんな準備をしておけばよいか知りたい

もし遠方に住んでいてなかなか訪問できない場合は、電話のときに少し気をつけてみましょう。たとえば長時間話をしている中で、違和感を覚えることがあります。短い会話のなかでは気づくことはなかなかむずかしいのですが「ちょっとおかしいな」と感じる言葉が会話の端々に出てきた場合は、認知症のサインかもしれません。

認知症の初期症状サインの一例

- 部屋の中に物が散乱している
- 冷蔵庫の中などに、同じものがたくさんある
- 細かい金銭の支払いができなくなってきた
- ずっと同じものを着ている／服が汚れていても気にしない
- 世の中の情報や楽しんできた趣味への関心が低下する

みんなの声

●すでに亡くなってしまったが、家族が認知症で話ができない状態になる前にいろいろと会話をしておけばよかった……

〈認知症の主な種類と症状の特徴〉

●アルツハイマー型認知症

認知症全体の6割以上を占め、主な症状は物忘れなどの記憶障害。他に自分のいる場所や時間がわからない、徘徊、「物盗られ妄想」などの症状が挙げられる。

●脳血管性認知症

認知症全体の約2割を占め、記憶障害や言語障害、判断力の低下などの症状がある。感情のコントロールが利かなくなり、泣いたり怒ったりと感情の起伏が激しくなるのも特徴の一つ。

●レビー小体型認知症

幻視の症状が出るのが特徴。

●前頭側頭型認知症（指定難病になるので医療助成が受けられる）

人格が変わったり、異常行動を起こす症状が現れたりする。

みんなの声
●夫は老後に関する会話をまったくしてくれないので、どうしたものかと悩んでいる

孤立や貧困、犯罪被害を防ぐために

認知症以外にも、「生活に困っていないか」「家に引きこもって孤立していないか」「振り込め詐欺などの犯罪に巻き込まれていないか」と気になる人もいるでしょう。

早めに異変に気づくためにも、できればときどき実家に顔を出すようにしましょう。もしそれがむずかしい場合は、できるだけ定期的に連絡を入れたいものです。最近変わったことや、何か困っていることはないか、会話の中でさりげなく聞いてみてもいいでしょう。まめに連絡をとる中で、ちょっとした異変に気づく場合もあります。

同居の親や配偶者に対しても同様で、普段からコミュニケーションをとっておくことで、家族本人がちょっとした話や相談をしやすい環境をつくっておくことはとても大切です。

〈家族がだまされそうになった一体験談〉

以前、同居している父が特殊詐欺に引っかかりそうになりました。父の携帯電話に、友人を装ってショートメールが届いたのです。あるとき、父から突然「(コンビニエンスストアなどで販売している)Appleギフトカードを買いたい」と言われ、不審に思って何に使うのか尋ねたところ、詐欺ということが発覚しました。ショートメールで友人(を名乗る相手)から「Appleギフトカードのコードを教えてほしい」と連絡があったのだそうです。

第三者の立場からすると、明らかにおかしな話と感じますが、当の本人は友人からのメールと信じ込んでいるので、まったくそんなふうに思わなかったようです。

これって何?

特殊詐欺

2022年に全国で確認された特殊詐欺の認知件数は、前年より2割増加。中でも保険料や医療費が戻るといってだます「還付金詐欺」は、過去最多となっている

知りたいポイント⑬

ペットの行く末は？

answer

お世話してほしい人を元気なうちに決めてもらおう

もしものとき、ペットの世話はどうする？

家族がペットを飼っていて、もしも本人に何かあった場合、誰かが代わってお世話をすることになります。生き物ですから、「一旦保留」などということもできません。じつは飼い主が亡くなった後に、ペットの引き取り手についてしっかりと決まっていなかったことが原因で揉めるケースはとても多いのです。

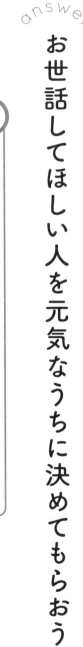

飼い主自身にとっても、自分がもし飼えない状況になったら、ペットの行く末が大いに気がかりなはず。そんなことにならないように、家族や親族・友人など、誰かお世話をしてくれる人を早めに決めておいてもらい、共有しておけると安心です。

またペットも年をとればとるほど、病気にかかりやすくなるのは人間と同じ。その分、通院や治療にかかる費用がかさんでいくのが現実です。この先の出費のことも考え、お世話を引き受けてくれる相手には、遺言書で財産を多めに渡す、あるいは生前贈与をするなどの方法があります。

もしもペットを託せない場合は?

そうはいっても「動物アレルギーがある」「マンションだからペットが飼えない」など、さまざまな理由で家族も飼うことができず、ペットのお世話をする人が誰も見つからない場合もあります。

そんなときはどうすればいいのでしょう?

●飼い主がペットと一緒に住める介護施設に入所する

最近はペットとの入所が可能な介護付き有料老人ホームもあるので、施設に入ることを考えている場合は検討してみるのもいいでしょう。自分の死後については施設に確認を。

●動物病院やペットホテルに相談してみる

動物病院やペットホテルでは、飼い主の入院などの際、一時的にペットを預かってもらうことができます。また動物病院によって

は、院内の掲示板に里親募集のチラシを貼らせてくれるところもあるので、かかりつけの病院に相談してみるとよいでしょう。

●保護犬・保護猫の施設に引き取ってもらう

飼い主が亡くなってしまった犬や猫を引き取ったり、里親とつないでくれる団体も。

●老犬・老猫ホームに預かってもらう

高齢になり、介護などが必要になった犬や猫のお世話をしてくれます。

●里親を探す

里親サイトなどで里親を見つける方法もあります。ただし、虐待を目的にペットを譲り受けようとする「里親詐欺」もあるので注意が必要。

これって何？

ペットの里親詐欺

詐欺に引っかからないために、「相手の自宅を見せてもらう」「ペットへの思いをよく聞いてみる」などして、きちんとペットを迎え入れる意識や環境があるかを慎重に見極めよう。

知りたいポイント⑭

お墓はどうする？

answer

管理する人を事前に決めてもらおう

管理する人の負担も考慮してもらって

親や配偶者が元気なうちにきちんと決めておいてほしいことの一つが、「お墓の管理を誰がやるか」についてです。うやむやにしておくと、後々もめやすいからです。

このままいけば、お寺などとのおつき合いは続いていくもの。お墓の管理を任される人にとっては、この先も維持するためのお金がかかっていきます。おおよその目安として、お墓の年間管理費は5千～2万円。お寺へのお布施は、葬儀・告別式で20万～40万円、法事・法要で1万～5万円ほどになります。またお墓そのものの管理についても、草むしりや掃除など、きれいにしておくのは手間や時間がかかります。

親や配偶者には、お墓の管理をする人のこれからの負担も考えてもらいましょう。先述したペットの世話をする相手に対してと同様に、生前贈与をするなり、財産を多めに渡すなど、よりスムーズにお墓の引き継ぎができるよう配慮してもらえるといいでしょう。また、お墓を管理しやすい場所へ移す、お墓自体をなくすことは「墓じまい」の手続きによって可能ですが、親族とよく相談のうえ慎重に判断する必要があります。

これって何？

墓じまい

現在のお墓を解体・撤去し、取り出した遺骨を別の場所や別の形で供養すること。

夫と同じお墓に入りたくない妻たち

最近、「夫と同じお墓に入りたくない」という妻たちが増えてきたといいます。

「夫との仲があまりよくないから……」という人もいますが、ほかにも「亡くなった後まで婚家や夫に縛られるのはイヤ」「実家のお墓に入りたい」など理由はさまざまなようです。

「婚家代々の墓に入るのが当たり前」という認識がこれまでは一般的でしたが、だからといってこうした考えが、急に湧いてきたわけではないでしょう。女性の自立が当たり前になり、個々の多様性が尊重されるようになってきた今だからこそ、これまで表には出すことのなかった心の声をあげるようになったのかもしれません。

では妻は夫のお墓に入らなければいけないのでしょうか？

結論をいえば、特にそういった決まりはありません。もし実家のお墓に入りたければそれも可能なのです。ただしその場合は、実家のお墓の継承者の同意や、墓地の管理規約上に問題がないかなどの確認が必要になります。

また、婚家の墓にも実家の墓にも入らず、自分の墓を持ちたいという人には、樹木葬や納骨堂などの「永代供養墓」に入る方法もありますし、墓自体を持たずに散骨してもらうのも選択肢の一つです。

ただ、どれも自分が亡くなった後に誰かにやってもらうことになるので、すべて自分だけで決めておくというわけにもいきませんよね。新たに墓を購入するのなら別に費用がかかりますし、墓が増えれば家族の負担も増えることになります。

「なぜ夫と一緒に入りたくないのか？」をあらためて自分自身に問いかけ、現実的な課題も踏まえた上で、夫をはじめとした家族とよく話し合う必要があるでしょう。

これって何？

永代供養墓

霊園や墓地の管理者が、遺骨を預かって供養や管理をしてくれるお墓。お墓の跡継ぎが不要で、契約期間が過ぎると他の遺骨と合祀されることが多い。またはじめから合祀をするタイプもある。

知りたいポイント⑮

家族が認知症になってしまったら？

answer

在宅介護と仕事の狭間で悩む人が多い

在宅介護と仕事の両立、どうすればいい？

介護のきっかけは、ケガや病気などさまざまですが、多くの人が抱えているのが認知症介護の悩みです。

2023年9月には、厚生労働省がアルツハイマー病の新薬「レカネマブ」を正式に承認しました。ほかにもいくつか認知症の薬が承認されていますが、病気の進行を遅らせるものであり、完全に治

みんなの声
●一人暮らしの母に認知症の症状が出ているけど、病院に行きたがらない。要介護状態になったら私の体力が持つのか、不安しかない

療できる薬はまだありません。

認知症の家族を持つ人には、仕事をしながら自宅で介護をする人も少なくありません。しかし認知症が進み、医療依存度が高くなってくると、家族にかかる負担は重くなっていきます。

特別養護老人ホームに入所申し込みをしても待機人数が多く、すぐに入れるとは限りません。かといって順番が来るまでの間、介護付き有料老人ホームに入りたくとも、公的施設である特別養護老人ホームに比べて費用がかかるのが現状です。

貯蓄額に余裕がない場合は月々の負担が大きく、入所がむずかしい場合も多いのです。そうなると自宅で介護を続けざるを得ず、仕事との両立に悩む人が少なくありません。中には仕事を辞めざるを得ない状況（＝介護離職）になってしまう人もいます。

みんなの声
●家族が認知症になり、面倒を見ることになったときの自分の生活費が心配

「介護離職」を防ぐための方法はある？

仕事をしている家族にとっては、介護に多くの時間を費やすのは想像以上に大きな負担です。仕事と介護を両立しながら生活を守っていくためには、一体どうすればいいのでしょう？

まず活用を考えたいのは「介護休業制度」です。これは介護と仕事の両立をサポートする制度で、一定条件を満たしていれば、会社に申し出ることができます。

たとえばこの中の「介護休業」は、要介護状態の家族一人につき3回まで、通算で93日を上限に休暇をとることができます。

また「介護休暇」は、要介護の家族一人につき、年5日まで休みをとることができるので、通院の付き添いなどに活用するといいでしょう。

みんなの声
●祖母が認知症で、家族が大変。自分もかかることを想定して、この先に備えたい

医療依存度の高い人には「介護医療院」という施設があります。特別養護老人ホームと同じように、介護保険で利用できる公的施設です。数は少なく、市区町村によっては設置してないところもありますが、民間施設より比較的安い料金で利用できます。

また、介護負担の打開策として、「ショートステイ」の期間を延ばして「ロングショートステイ」として利用する方法があります。ショートステイは、数日から1～2週間ほどの短期間のお泊まりができる介護保険サービスです。厳しい現状を伝え、ロングショートステイでの対応ができれば、連続しての利用が可能ですが、31日目からは自費扱いとなるので注意が必要です。

〈ここがポイント〉

介護離職はできる限り避け、使えるサービスを活用して

これって何？

ビジネスケアラー

最近では「働きながら介護をする人」を意味する「ビジネスケアラー」という言葉も生まれた。2030年には、ビジネスケアラーは318万人にもなると予測される。

知りたいポイント⑯

介護が必要になったらどこに相談するの？

answer

地域包括支援センターが対応してくれる

介護の相談の流れ

市区町村の役場窓口に行くと、最寄りの地域包括支援センターやケアマネジャーのいる事業所を紹介してくれます。地域包括支援センターでは、さまざまなサービスを提案してくれるので、介護について困り事があれば、まずは相談してみるとよいでしょう。

みんなの声
●私は難病を抱えているので、両親の介護ができない。どうすればいい？

現状で介護が必要であれば、ケアマネジャーが介護保険申請の代行手続きをしてくれたり、今後必要なサポートについての相談や手配などもしてくれます。

〈例〉
●家族が一人暮らしだが、日常生活が大変になってきた↓ヘルパーの手配など
●家族が家に引きこもりがちなので外に連れ出したい↓デイサービスの利用など

もし介護の必要性がまだないようであれば、市区町村で運営する「通いの場」など憩いの場となる高齢者サロンを紹介してくれるので、認知症や介護予防を兼ねて参加してみるといいかもしれません。

地域包括支援センターってどんなところ？

地域包括支援センターは、高齢者が住み慣れた地域で安心して暮らせるようにするため、2006年に全国の市区町村に設置されました。介護だけでなく、介護予防や医療、生活支援など、高齢者の生活全般を総合的にサポートする「地域包括ケアシステム」の中心的役割を果たしています。支援センターには三分野の専門職が配置され、それぞれ次のような役割を担っています。

●**主任ケアマネジャー（主任介護支援専門員）**…地域における包括的・継続的なケアマネジメント

例・地域住民からの相談を適切な支援につなげる

・地域で働くケアマネジャーへのアドバイスや指導　など

みんなの声
●両親は病院や施設に入ることは恥だと思っている。嫁いだ私が世話をするものと思っているのがすごくプレッシャーです

●**保健師**…地域住民からの医療・介護の相談への対応

例・医療機関や保健所と連携を図り、医療や介護の相談にのる
・地域の民生委員やボランティアとの情報交換　など

●**社会福祉士**…社会福祉サービスの提供

例・介護施設や高齢者宅への訪問や安否確認
・成年後見制度に関する相談にのる　など

地域包括ケアシステムのイメージ

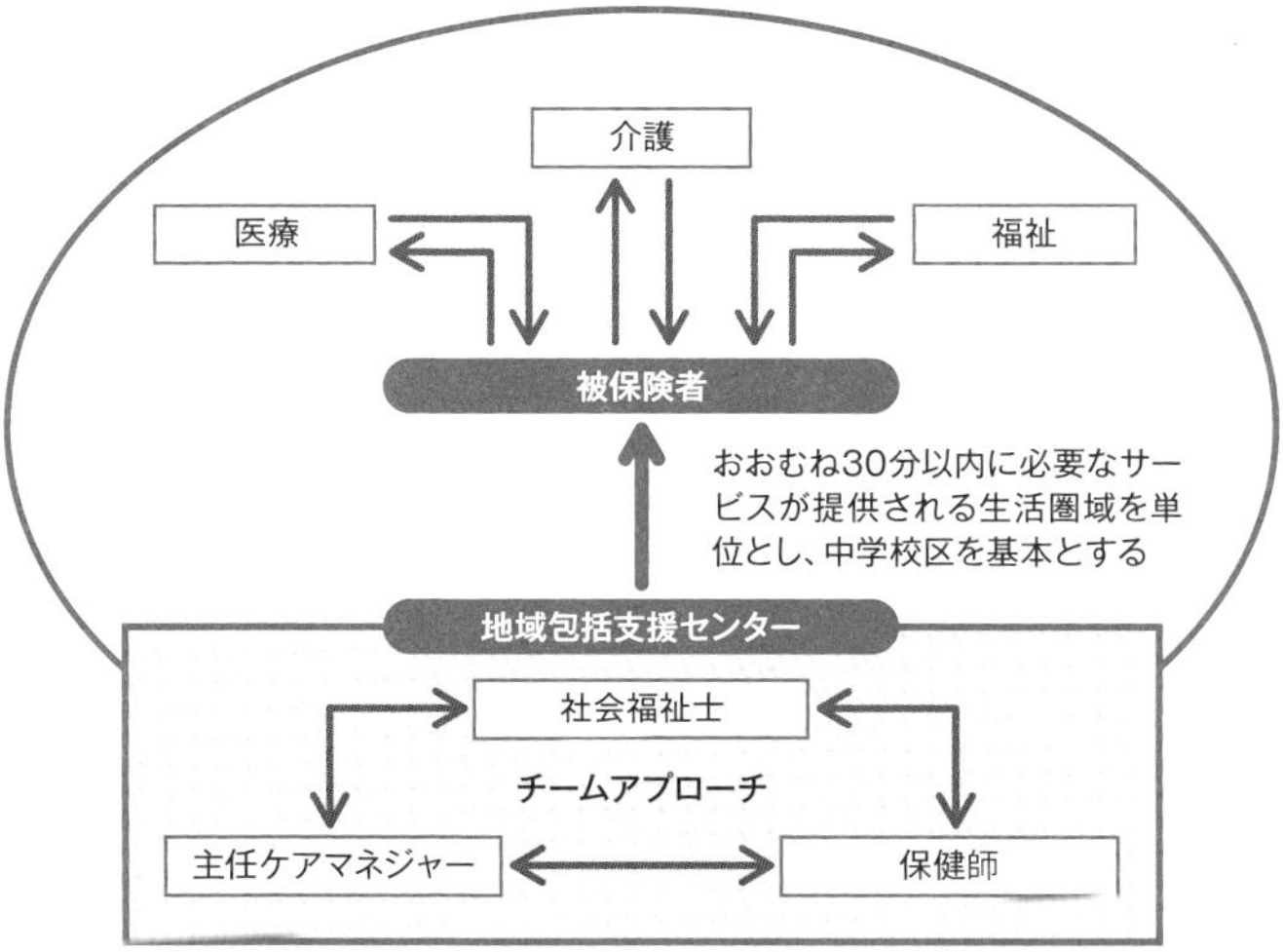
介護
医療
福祉
被保険者
おおむね30分以内に必要なサービスが提供される生活圏域を単位とし、中学校区を基本とする
地域包括支援センター
社会福祉士
チームアプローチ
主任ケアマネジャー
保健師

住み慣れた地域で自分らしく生活できるよう、医療、介護、福祉のサービスが総合的に提供されるシステム。地域包括支援センターは、このシステムの中核となる

知りたいポイント⑰

親や配偶者の急な入院に備えられることは？

answer

入院に必要なもの、保管場所の共有を

入院手続きで提出するもの

親や配偶者の入院は、ある日突然やってくるかもしれません。救急車で運ばれて、そのまま入院することも考えられます。そんなときに備えて、入院手続きで必要なものを確認しましょう。

親の場合は本人とも必要なものを情報共有し、事前に保管場所も

確認しておきましょう。わかりやすいように、ある程度まとめておけるといいですね。

病院によって違いはありますが、入院手続きの際にはおおむね次のようなものが必要になります。

●入院申込書　●各種受給者証等　●診察券
●印鑑　●健康保険証　●お薬手帳
●後期高齢者医療被保険者証（75歳以上）
●入院保証金（病院による）

病院で渡される入院申込書は、身元引受人や連帯保証人を記入する場合がほとんどなので、あらかじめお願いする人を決めておくといいかもしれません。

知りたいポイント⑱

病気の告知や延命治療について

answer

事前に本人の希望を確認しておこう

病気の告知について

近年は医療技術の進歩もあり、たとえばガンについては、早期発見で治る病気という認識に変わってきました。最近では、主治医が患者本人に病状説明をし、本人の意思決定のもとで、治療を進めるのが当たり前になってきています。

判断がむずかしいのはステージが進行してから。もし本人の希望

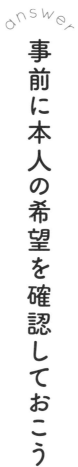

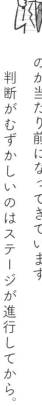

がわからない場合は、性格等も考慮し、主治医が家族に話をした上で、本人に知らせるかを決めることが多いようです。

みんなの声
- 延命治療について明確な意思表示が欲しい
- こちらから聞きにくいので、本人から伝えてくれるといいのだけど……

延命治療について

延命治療とは、病気の治療ではなく、延命を目的とした治療のこと。心臓マッサージ等の心肺蘇生や人工呼吸、胃ろうによる栄養補給などを指します。

少し前までは医療技術を駆使して延命を行うのはごく一般的でしたが、最近はつらい延命治療なしで、穏やかに最期を迎えたい人も増えてきました。

いざという場面で命の判断を迫られるのは、家族にとってつらいもの。病気の告知にも延命治療にも、本人の意思を反映できるようエンディングノートなどに希望を記入しておいてもらうといいでしょう。

これって何？
胃ろう
胃に穴を開け、チューブを通して、直接胃に栄養を送る方法。

知りたいポイント⑲

資産について本人にやってほしいこと

answer

できるかぎりシンプルに整理してもらおう

銀行口座などは早めに整理を

遺産分割がスムーズに進められるように、資産はできるだけ事前に整理しておきたいものです。銀行の口座などは、いくつもつくっている人が多いもの。でも口座が多いほど、本人が亡くなった後の解約手続きが面倒になります。あまり使っていない口座は、元気なうちに解約してもらいましょう。子どもが手続きに付き添うなどして、少しずつ整理していくといいでしょう。

〈資産整理のためにやっておいてほしいこと〉

●使用頻度の低い銀行口座は解約をし、1、2口に絞る

●遠方の放置している山や「原野商法」で買ってしまった土地等は、相続発生前に処分する

●ネット銀行やネット証券、サブスクリプションなどのインターネットで完結するものは、紙の通帳等の形に残らない分、家族が気づきにくい。契約内容やID、パスワードなどをまとめておき、あまり使わないものは早めに解約

〈ここがポイント〉

できるだけ残される家族の負担を減らしてもらおう

みんなの声

●姉が亡くなったため、親の遺産はまだ小さい姪二人と私で分け合うことに。話が複雑になりそうで、どうすればいいか悩んでいます

これって何?

原野商法

値上がりがほとんど見込めない山林や原野を「将来高く売れるから」と勧誘し、不当に買わせる商法

相続トラブルを未然に防ぐには？

相続のもめ事を避けるためには、よくあるトラブルのパターンを知っておくことがとても有効です。

家族の在り方は十人十色ですが、相続トラブルは大きく次の5つのパターンに分けられます。法律や税金といった相続の知識を得ることは、もちろんとても大事です。でもそれ以上に意味があるのが、世の中の人たちがどんな相続トラブルに巻き込まれているのか、どのようなメカニズムで、もめ事が起きているのかを知ること。それにより、具体的にイメージをすることができるでしょう。

たとえば不動産についての価値観の違いで揉める場合も少なくありません。もともと不動産は分けにくい資産ですから、売却して現金化したいという相続人がいる一方で、これまでどおりずっと住み続けたいという相続人もいるわけです。

みんなの声
●長年会っていない息子がいる。遺産は娘に残したいけど、息子と相続トラブルにならないか心配

知っておこう！　よくある相続のトラブルパターン

1
故人の介護を手伝った人
vs
手伝わなかった人

2
生前贈与を受けた人
vs
受けなかった人

3
不動産に対する価値観の違いによるトラブル

例）先祖代々の土地を守りたい長男
vs
土地を現金にしたい次男

4
もめやすい相続人の間柄によるトラブル

例）子がいない夫婦の場合
↓
●配偶者 vs 故人のきょうだい
疎遠な関係だった場合

●後妻 vs 前妻の子ども

5
遺言書をめぐるトラブル

●日付や印鑑がなく無効
●遺言書作成の時点で、認知症が始まっていたため無効
●そそのかされて書いたため無効
●悪意のある人が遺言書を破棄する 等

知りたいポイント⑳

エンディングノートと遺言書について

answer

遺言書の有無が遺産の分け方を左右します

遺言書は正しく書かないと無効になることも

もし遺言書がある場合は、遺産を遺言書の内容どおりに分けます。

一方、遺言書がない場合は、遺産分割協議（相続人全員による話し合い）で分け方を決めることになります。

遺言書には大きく分けて、以下の二つの種類があります。

●「自筆証書遺言」…自筆で作成した遺言で、簡単に作ることができる。一方で改ざんや隠匿のリスク、紛失や破棄の恐れ、間違った書き方をして無効になる可能性がある

●「公正証書遺言」…公証人と呼ばれる専門家の手を借りて作成。公証役場で預かるため、紛失・破棄の心配がなく、安全性は高いが、作成に費用や手間、時間がかかる

どんな遺言書が無効になるの？

●日付や署名、押印がない遺言
●書いた時点で認知症が始まっていたと認められた遺言
●夫婦など、複数の人が共同で作成した遺言
●ビデオや音声による遺言

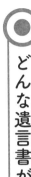

孫は相続人になれる？

相続人になるはずの子どもが先に亡くなっている場合は、相続人の子（＝孫）が相続をすることができます。ですが本来の相続人である子どもがいる場合は、たとえ相続人全員の同意があったとしても、飛ばしてその子（＝孫）が相続人になることはできません。

孫は「遺言書を残す」「生前贈与をする」「生命保険の受取人に指定する」などの方法で遺産を相続することができます。

エンディングノートを活用してもらおう

ここまで「遺言書」についてお伝えしてきましたが、決まりごとも多く、書き方ひとつで無効になってしまったりと、かしこまった

みんなの声
●エンディングノートはどこで買えるの？

もののように感じる人も多いでしょう。

遺言書とは異なりますが、本人の意思を家族に伝える方法の一つとして、最近はエンディングノートもよく知られるようになりました。書店に行くとさまざまな種類が並んでいます。名称も「エンディングノート」に限らず、「もしものときの〜」という言葉がついていたり、「〜安心ノート」「〜整理ノート」といった名称のものもあるので、親や配偶者にとっても比較的抵抗感が少なく、すすめやすいのではないでしょうか？　注意したいのは、エンディングノートには遺言書のような法的な効力はないということ。あくまでも「本人の意思の表明」なのでご注意を。

これって何？
生前贈与
生きている間に財産を贈与すること。
相続対策として利用されることも多い。

エンディングノートの内容は？

エンディングノートにはさまざまな項目が網羅されており、ノートによって少しずつ内容は違います。自分の資産内容や老後のこと、介護のこと、さらには亡くなった後についての希望など、ひと通り記入しておいてもらえると残された家族も安心でしょう。「今は元気だから大丈夫だけど、いつ何があるかわからないから、安心材料として一緒に書いておこう」と本人に声をかけるのもいいかもしれません。インターネットから無料でダウンロードできるエンディングノートもあるので、気に入ったものがあればそちらを利用してもいいでしょう。

なお、エンディングノートは「一度書いたから大丈夫」ではなく、定期的に見直し、必要に応じて修正していくことも大切です。

エンディングノートの主な項目

- ●本人の情報（名前、生年月日、血液型、連絡先など）
- ●資産やお金など（預貯金・引き落とし口座・有価証券・不動産・借入金・ローン・クレジットカード・年金・保険など）
- ●デジタル遺産（ネット銀行やネット証券の口座、仮想通貨など）について
- ●病気になったときについて（延命治療を希望するかなど）
- ●かかりつけ医や服用する薬
- ●介護について
- ●友人や知人の連絡先
- ●葬儀やお墓について
- ●遺産相続や遺言書について
- ●ペットのこと

まとめ

第2章

家族で準備・共有しておきたいこと

- 家族の異変は行動や言動に現れる。今までできたことができない、話の辻褄《つじつま》が合わないなどは認知症のサインかも

- 介護が必要になったら最寄りの地域包括支援センターへ。困り事の内容に合わせてサポートしてくれる

- 在宅介護は仕事と介護の両立が大きな課題。介護離職を防ぐためにも、頼れるところは専門家に頼って

- 残された家族が遺産分割をスムーズに進められるよう、生前にできるだけ資産を整理してもらおう

- エンディングノートは本人の意思を書き残すのに始めやすいアイテム。うまく活用してもらおう

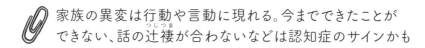

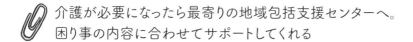

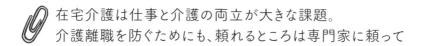

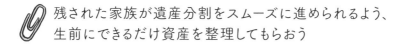

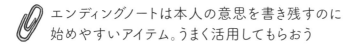

第3章

もしものときに備える手続きと相続の流れ

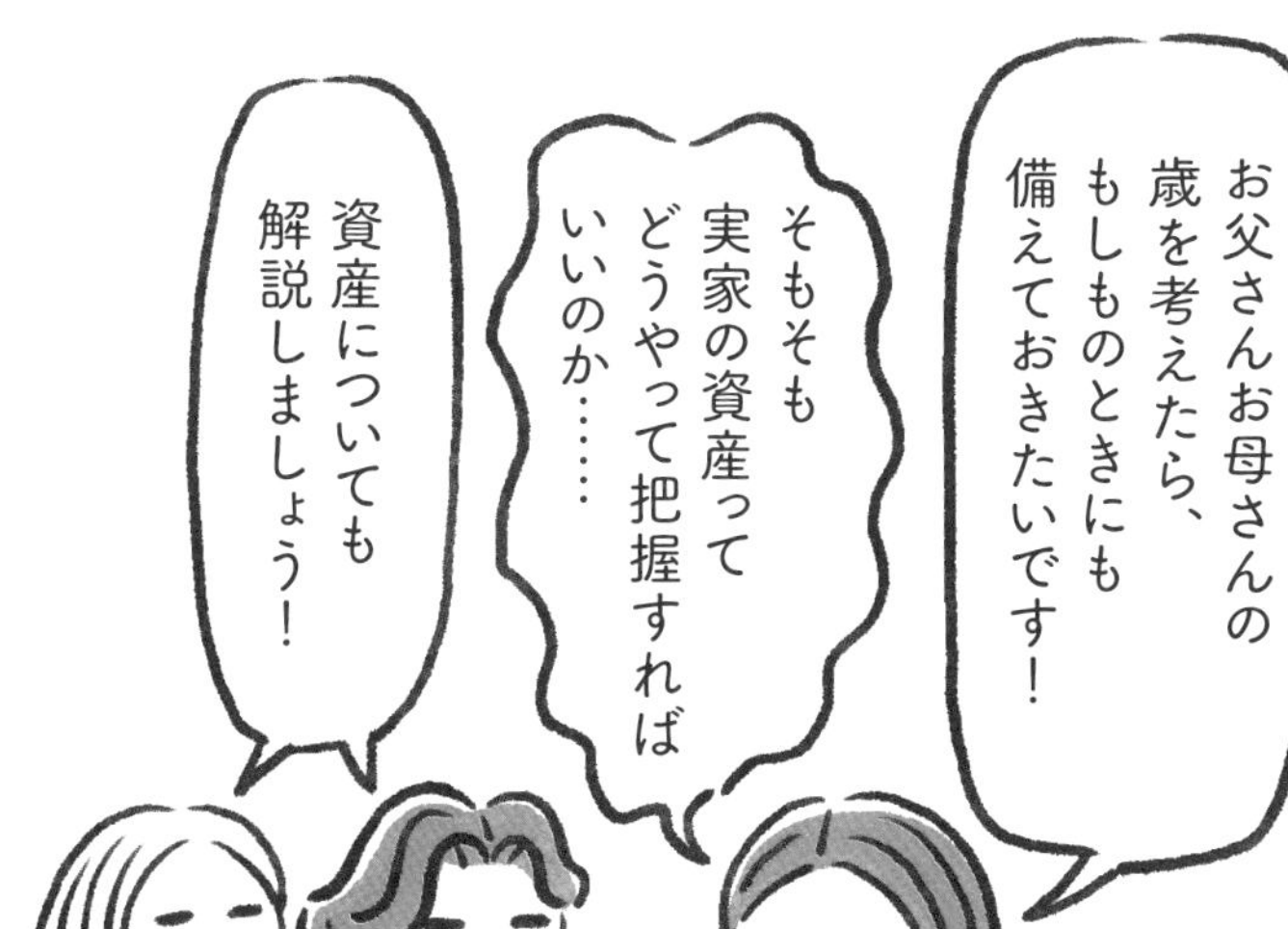
お父さんお母さんの歳を考えたら、もしものときにも備えておきたいです！
そもそも実家の資産ってどうやって把握すればいいのか……
資産についても解説しましょう！

知りたいポイント㉑

もしものときに慌てない、流れや手続きについて

answer

行政手続きは期限に気をつけて

亡くなった直後の手続き

家族が亡くなった後は、次のような手続きが必要になります。中には葬儀社が、代理で手続きを行ってくれる場合もあります。

もしものときに慌てないために、やり取りをする業者については周りのクチコミなどを参考にあらかじめ選んでおくことがおすすめです。

みんなの声

●預金などを配偶者が管理しているので、亡くなった後、手続きを含め、その後の暮らしなど何をどのようにしたらいいのかが具体的にわからない

医師の死亡診断書（死体検案書）を受け取る

↓

火葬場を決める

↓

市区町村役場に死亡届を出す（死亡から7日以内）
同時に死体火葬許可証の申請・交付

↓

火葬をする
埋葬許可証の発行

↓

納骨（期限はないが、一周忌までにお墓に納骨する場合が多い）

これって何？

死亡診断書

「自らの診療管理下にある患者が、生前に診療していた傷病に関連して死亡したと認める場合」に交付する書類。それ以外の場合は「死体検案書」。

葬儀社を選ぶときのポイントは？

残された家族が頭を悩ませるのが、葬儀社の選び方です。ベストなのは本人が生前に葬儀社を選んでおくことですが、そうでない場合は選ぶ基準がわからず、むずかしいものです。ですが葬儀社によって、大きな差があるのも事実。

ときにはこんな声も耳にします。

- 電話では好印象だったのに、契約後の担当者の対応が悪かった
- 見積りに記載されていない費用があり、契約後に追加料金を求められた
- 選択肢を示してもらえずに、いろいろ進められてしまった

葬儀プランによってセットに含まれる内容も違うので、事前に十

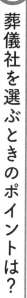

分確認することもトラブルを防ぐ上で重要です。
その場の流れですぐには決めず、以下のような点を意識して検討するといいでしょう。

●実際に利用した人に葬儀社のリアルな情報を聞いてみる
●インターネットでクチコミをリサーチする
●葬儀費用が明確に提示されているか
●スタッフの対応がていねいで信頼できるか

〈ここがポイント〉
こんなときこそひと呼吸おいて決めよう

みんなの声
●葬儀費用がわからずに業者に言われるがまま払ったら、かなり割高なことがあとでわかった。選ぶときのポイントを知りたい

みんなの声
●母が亡くなったとき、友人や知人の連絡先がわからなくて困った

訃報の連絡はどこまですべき？

訃報を伝える際には、次のような連絡方法が多いようです。

●親族→葬儀の準備もあるため、電話で伝える
●友人・知人→住所がわかる人には、訃報の手紙を出す
親しい間柄の人にはメールでも

もし故人が学校やサークル、同好会などのコミュニティーに入っていた場合は、一人に連絡をし、その人から同じコミュニティーのメンバーに伝えてもらうようお願いしてもいいでしょう。

訃報を知らせたい人がいても、連絡先がわからなければ家族は伝えることができません。そんなことにならないよう、あらかじめ本人に連絡先リストを作っておいてもらいましょう。

葬儀後の主な行政手続き

●**年金受給停止の手続き**→【死亡後10日以内】※
年金事務所、年金相談センターへ（←届出先）

●**住民票の世帯主変更届の手続き**→【死亡後14日以内】
市区町村役場へ

●**相続放棄をする際の手続き**→【相続発生日（本人に相続の権利があると知った日）から3カ月以内】　家庭裁判所へ

●**所得税の準確定申告**→【相続開始を知った日の翌日から4カ月以内】　税務署へ

準確定申告とは、故人が自営業だったり、不動産の家賃収入があるなど確定申告が必要な場合に、その年の1月1日から亡くなった日までの所得を相続人が申告・納税すること

●**相続税の申告**→【死亡した翌日から10カ月以内】　税務署へ

●**相続登記の申請**（不動産の名義変更）〈2024年4月1日より施行〉
→【遺産分割が成立した日から3年以内】
違反の場合罰則あり　法務局へ

※国民年金の場合14日以内

知りたいポイント㉒

亡くなると銀行口座が凍結されるって本当？

answer

はい、口座から引き出せなくなります

銀行が本人の死亡を知った時点から凍結される

銀行が遺族からの連絡や新聞の訃報欄、葬儀の案内などで名義人の死亡（＝相続の発生）を知ると、その時点から預金口座は凍結され、故人のお金を引き出すことができなくなります。凍結されるのは、亡くなった後に誰かが不当に口座の預金を使い込んでしまうのを防

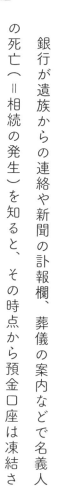

ぐため。

しかし一方で、葬儀費用や生活費など、お金を引き出さなければならない場面もあるでしょう。**凍結後にお金を引き出すには、相続人全員の同意と印鑑が必要になります。**この場合、相続人同士が遠方に住んでいたり、不仲で協力して手続きができない場合、引き出しができないことになってしまいます。

口座が凍結された場合の対処法は？

そこで2019年に始まったのが、「**預貯金の払戻し制度**」です。

これにより、相続人全員の同意がなくても、凍結された口座から一定の金額（一つの金融機関から最大150万円）が引き出せるようになりました。

みんなの声
●夫が亡くなって口座が凍結されてしまったら、すごく困ると思う

気をつけたいのは、すぐにその場で引き出せるわけではないこと。手続きには提出すべき書類も多く、揃えるのに手間と時間がかかります。また申請後も、精査に2～3週間ほどかかるので、すぐにお金が必要な場合には向かないでしょう。

払戻し制度利用の際に必要な書類の例

●被相続人（亡くなった人）の除籍謄本、戸籍謄本または、全部事項証明書（出生から死亡までの連続したもの）
●相続人全員の戸籍謄本、または全部事項証明書
●預金の払戻しを希望する人の印鑑証明書
※取引している金融機関により、この例とは異なる場合があります。

預貯金の払戻し制度で引き出し可能な金額の計算法

各口座の**相続開始時の預貯金額**×**3分の1**×**相続人の法定相続分**
＝相続人の同意なしで払い戻せる金額**（150万円が上限）**

例）相続人が子ども2人、うち1人が払い戻す
　　相続人の法定相続分は2分の1

●預金額600万円の場合
600万円×3分の1×2分の1＝100万円が払い戻し金額

●預金額1500万円の場合
1500万円×3分の1×2分の1＝250万円。
だが150万円を超えているので、
払い戻せるのは上限の150万円

知りたいポイント㉓

資産の種類って？

answer

「不動産」と「動産」があります

土地、建物、貯金以外にも種類はさまざま

資産は大きく「不動産」と「動産」に分けられます。それぞれの資産の詳細をまとめておくことで、残された人も遺産分割を進めやすくなるでしょう。

ここで気をつけたいのは「生命保険金」についてです。

たとえば父親が亡くなり、母親が保険金の受取人となっている場

みんなの声
●どこにどれだけ資産があるか知りたいと思っているけれど……なかなか聞きにくい

合。一見、遺産のように思われるかもしれませんが、実は「受取人固有の財産」と呼ばれ、母親の財産とみなされます。相続の際の遺産分割協議の対象にはならないので注意しましょう。また、契約者・被保険者・受取人がそれぞれ配偶者か子か、どう指定されているかで課される税金の種類も変わります。

生命保険の契約内容については、事前にまとめておくと家族もわかりやすいでしょう。

財産の種類

●**不動産**…土地、建物など

●**動産**…預貯金、株式、公社債、投資信託、自動車、金・プラチナ、絵画、骨董品、高級バッグ、ゴルフ会員権など

●**受取人固有の財産**…生命保険金

●その他、「マイナスの遺産」となる借金や連帯保証人の有無は、残された家族にとってとても重要な情報。マイナスの遺産がない場合も、ないことをきちんと明記しておく

知りたいポイント㉔

残された財産を知るには？

answer

家族で調べるか、専門家に依頼

財産内容がわからない場合の対処法は？

もし、財産を誰にも伝えずに自身が亡くなった場合、どうなるのでしょう？　また、親や配偶者が亡くなった場合には、どうすれば知ることができるのでしょう？　財産を把握するには二つの方法があります。

一つは、残された家族が一つずつ調べていく方法。

これって何？
証券保管振替機構（ほふり）
証券取引における証券決済機能を担う機関。故人の株式等に関わる口座の開設先を有料で確認することができる。

みんなの声
●別居中の夫の財産は、
どうやって知ればいいの?

もう一つは、司法書士や行政書士等の専門家に調査を依頼する方法です。相続手続きを一括で依頼することができる組合や相続センター等を利用することもできます。

いずれにしても口座の有無についてはすべての銀行などを調べるのはむずかしいでしょう。相続人に存在が知られないまま放置されている口座は、全国に少なくないとみられます。こうしたことを防ぐためにも、家族にわかるよう、事前に財産の内容やパスワード等をまとめておいてもらいましょう。

亡くなった後の財産の把握方法

●**不動産**……固定資産税の「納税通知書」で確認

●**株式**……毎年1月頃に届く「年間取引報告書」で確認。
ただし、ネット証券は郵送でない場合もある。
その際はメールの履歴などを辿って確認していく。
どの証券会社に口座があるか知りたいときは、
証券保管振替機構(略称:ほふり)に情報開示請求が可能

●**銀行や証券口座**…国内企業であれば、
相続人であると立証すると、口座の有無が確認可能

●**ネット銀行やネット証券**……国内企業の場合、相続手続き窓口などがあるが、実店舗がないため、インターネットと郵送による手続きで時間がかかる

知りたいポイント㉕

相続人ってどこまで含まれるの？法定相続分はどのくらい？

answer

誰が相続人になるかは家族構成によって変わり、法定相続分も違ってくる

法定相続分について

遺産の相続ができるのは、民法で定められた「相続権を持つ人（＝相続人）」のみです。どんな場合も、配偶者は必ず相続人に含まれます。相続人が誰になるかは家族構成によって変わり、それに合わせて法

これって何？

法定相続分

民法が定める相続の割合の目安のこと。

みんなの声
●家族内で遺産相続のことでもめたくない

定相続分も変わることになります。

たとえば子どもがいる場合、相続人は配偶者と子どもになります。法定相続分は配偶者2分の1、子ども2分の1。もし子どもが2人以上いれば、2分の1を子どもの人数で割ることになります。

もし亡くなった人に子どもがいない場合は、配

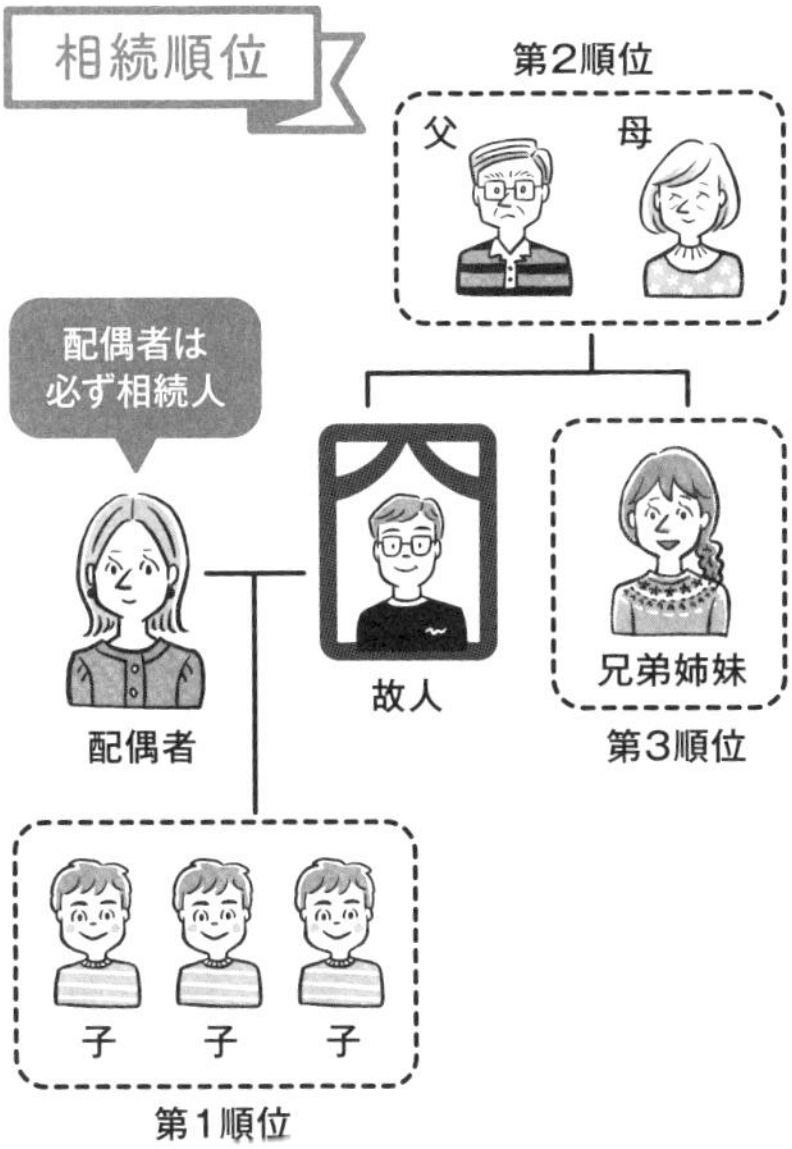

※前夫・前妻の子や、認知された非嫡出子も、現在の夫婦間の子と相続割合は同じ

偶者と直系尊属（親や祖父母）が相続人です。この場合法定相続分は、配偶者3分の2に対し、直系尊属3分の1です。

そして亡くなった人に、配偶者のほかに子どもも直系尊属もいないときには、兄弟姉妹が相続人になります。この場合法定相続分は配偶者4分の3，兄弟姉妹4分の1です。

ちなみに法定相続分については、あくまでも目安なので、じつは相続人全員の同意があれば、分け方は自由に決めることができるのです。

たとえば、もし相続人全員が同意すれば、一人が遺産の100%、ほかの人は0%という相続も成立します。でも相続人同士でどうしても折り合いがつかない場合、最終的には法定相続分に沿った分け方となるでしょう。

これって何？

遺留分

一定の相続人に認められた、最低限もらえる遺産の割合のこと。

一方、遺言書があれば、基本的にはそのとおりに分けることになります。ただし、一定の相続人には「遺留分」という権利があるので、たとえば故人が遺言書で長男に遺産を遺さなかった場合でも、長男は最低限保障された金額は相続することができます。

相続人が行方不明のときは？

もしどうしても所在のわからない相続人がいるときは、どうすればいいのでしょうか？

相続人全員が揃わないと、遺産分割協議を進めることができません。その場合、家庭裁判所に「不在者財産管理人」を選任してもらうことで、遺産分割協議に代理人として参加し、財産分割が進められるようになります。不明者の取り分は、管理しておいてもらうことができます。

これって何？ **遺産分割協議**
財産を分けるため相続人全員で分け方を話し合う協議のこと。

これって何？ **不在者財産管理人**
行方不明になっている人の財産を、本人に代わって適切に管理する人のこと。

知りたいポイント㉖

マイナスの遺産はどうする？

answer

「相続放棄」という方法があります

「相続放棄」についておしえて

親や配偶者が亡くなって遺産の整理をしたときに、すべてプラスの遺産なら問題ありませんが、借金などのマイナスの遺産が残されている場合があります。そんなときはマイナスの遺産をどうするか、相続人本人が決めることができます。もしマイナスの遺産を引き継ぎたくない場合は、相続が開始したことを知った日から3カ月以内

これって何？

相続放棄の手続き

亡くなった人が居住していた管轄の家庭裁判所に必要書類を提出し、受理されることで完了する。

であれば、家庭裁判所で「相続放棄」の手続きをとることができ、またこれによってマイナスの遺産は一切相続する必要がなくなります。ただし、3カ月を過ぎてしまうと、自動的にマイナスの遺産も相続することになるので気をつけましょう。

もう一つ知っておくべきことがあります。相続が発生してから相続放棄の手続きまでの間、もし少しでも自分のために遺産を使った場合は、相続放棄をすることができなくなってしまうのでご注意ください。

相続放棄をした場合、マイナスの遺産は相続の順位に従って、次の相続人へと相続されることになります。最終的にすべての相続人がマイナスの遺産を放棄した場合、債権者は回収できないまま泣き寝入りをすることになります。

これって何?

債権者

特定の人に対し、お金の支払いや給与といった何らかの行為を請求する権利を持つ人。

みんなの声
●父に借金があることを亡くなってから知り、相続で悩みました

プラスの遺産だけ相続することはできるの？

ここで気になるのは、マイナスの遺産は放棄して、プラスの遺産だけを相続することはできるのか、ということではないでしょうか？

残念ながら、いいとこどりをすることはできません。マイナスの遺産を放棄する場合は、同じくプラスの遺産も放棄しなければならないのです。

もしプラスの遺産として家を相続して住んでいる場合、マイナスの遺産を相続放棄することで住む場所も失うことになりかねません。ですからマイナスの遺産が残されていても、プラスの遺産の方が大きければ、マイナスの遺産も含めて相続することが一般的です。

こうした相続を「単純承認」と呼びます。相続の方法には、他に「相続放棄」（Ｐ１３２）と「限定承認」があります。限定承認は、プラスの財産額を限度としてマイナスの財産を相続するというもの。

たとえばプラスの遺産が1000万円、マイナスの遺産が1500万円の場合、マイナス分1500万円のうち、1000万円までの相続となり、プラスマイナスゼロとなるため、相続人の資産から持ち出す必要がありません。

プラスの遺産が1500万円、マイナスの遺産が1000万円の場合は、相続遺産が500万円となり、手元に遺産が残ります。

ただ、限定承認は一人で行うことはできず、相続人全員の協力が必要なため、実際に使われることはあまりないのが現状です。

〈ここがポイント〉

プラスの遺産だけを相続することはできません。もしマイナスの遺産を相続放棄した場合は、プラスの遺産も放棄することになります

知りたいポイント㉗

税理士や弁護士はどんなときに頼めばいいの？

answer

それぞれの状況で依頼する専門家は違う

専門家による違いはどんなところ？

家族が亡くなった後は、さまざまな手続きが待っています。専門家に依頼する場面も出てくるでしょう。同じ相続に関することでも、それぞれの役割や得意分野は少しずつ違います。どんなとき、どの専門家に何を相談すればいいのか。場面ごとに確認してみましょう。

みんなの声
●専門家といっても誰に何を相談すればいいのかわからない

〈相続に関するそれぞれの専門領域〉

●弁護士

遺産相続についての法律相談、遺産分割の代理人、家庭裁判所での代理人等

↓相続で争っている場合は「弁護士」へ

「弁護士法」により、相続争いの代理人ができるのは弁護士だけになります。

●税理士

税金・会計の専門家で、確定申告・相続税申告書の書類作成や税金に関する相談、税務調査の立ち合い等

↓相続税がかかりそうな場合は「税理士」へ

●**司法書士**

不動産の相続登記、各種名義変更手続きの代行、成年後見、家族信託等。相続の手続き業務は得意分野

↓**相続争い、相続税がかかる見込みがない場合は「司法書士」へ**

●**行政書士**

遺言書の作成、各種名義変更手続きの代行等。ただし司法書士と違い、不動産の名義変更(登記)の代行はできない

↓**遺産の中に不動産が含まれていない場合は、「行政書士」への名義変更手続きの代行依頼も可能**

これって何？

家族信託

自分の老後の生活や介護に必要な資金管理・給付等のために自らの資産を家族に託し、管理や処分を任せる仕組み。

みんなの声
●もっと気軽に、制度や法律の相談ができる場があったらいいのに……

専門家はどうやって選べばいい？

では専門家を決めるときのポイントはどんなことでしょうか？同じ専門家でも、それぞれに得意分野があります。

たとえば一口に税理士といっても、すべての税理士が相続税に詳しいわけではありません。じつは相続税は、遺産の分け方によって税金のかかり方がかなり変わってくるのです。そのためどんな税理士に相談するかが、相続税の額を大きく左右するポイントとなるでしょう。

ほかの専門家についても、依頼先を決める際には同業種の複数の人と話をしてみましょう。アドバイスや内容の伝え方、わかりやすさや自分との相性などをふまえて決めるといいでしょう。問題の解決件数を確認することもおすすめです。

知りたいポイント㉘

実家が空き家になりそう、どうすればいい？

answer

早めに方向性を決めておこう

空き家は放置してもいいことなし

空き家の増加は、近年大きな社会問題にもなっていること。人が住まなくなると、家はどんどん傷んでいきます。それに家を所有し続ける限り、固定資産税などの維持費がかかり続けるので、事前に対策を考えておくのがおすすめです。

みんなの声
●空き家になる家の処分の仕方が決まっていない。家族の意思確認をしておけばよかった

将来空き家になってしまう家を、この先どうしたいのか？　親が元気なうちに希望を聞き、家族で早めに方向性を決めておきましょう。

もし売却を考える場合は、事前に周辺の不動産会社をリサーチしておくとよいでしょう。また、思い入れのある家を手放したくない人は、リフォームをして賃貸物件にするという選択肢もあります。最近ではさまざまな空き家の活用法も出てきました。早いうちから考えておくことで、思いがけないアイデアがひらめくかもしれません。

- ●学生や外国人向けのシェアハウスにする
- ●入居者が自分好みに内装をリノベーションできる「DIY型賃貸借」として貸し出す
- ●セミナーや地域の交流の場、撮影スタジオなどのレンタルスペースにする

これって何？
DIY型賃貸借
借り手は自分の好みに合わせて内装をリノベーションでき、貸し手にとってもリフォーム費用を節約できるというメリットがある。

まとめ
第3章

もしものときに備える
手続きと相続の流れを知っておく

- 銀行が口座の名義人が亡くなったことを知った時点で、
  銀行口座は凍結されて引き出せなくなる

- 資産の種類は主に土地や建物などの「不動産」と、
  預貯金や株式、自動車などの「動産」に分けられる

- 存命の配偶者は必ず相続人に含まれる。ほかの相続人は
  家族構成によってそれぞれ決まってくる

- マイナスの遺産は放棄することができるが、
  そのときはプラスの遺産も放棄しなければならない

- 空き家は管理が大変。先々利用する予定がなければ、
  早めに処分する

第4章

自分と家族の心のケアは？

知りたいポイント㉙

介護で精神的にきついと感じるのはどんなとき？

answer

それまで知っていた家族と変わってしまったと感じたとき

老いは誰もが迎えるもの

久しぶりに実家に帰省したときに、親のちょっとした動きや後ろ姿を見て、「なんだか小さくなったな」「ずいぶん年をとったな」と感じたことのある人は多いはず。

年齢を重ねれば、誰でも体力や気力は低下していくもの。それまで元気だった家族が思うように動けなくなったり、記憶力が減退していったりという場面が、老いとともに少しずつ増えていきます。また体力や気力と同時に衰えていくのが、聴力や視力、嗅覚といった機能。本人以外にはわかりにくいですが、こちらから話しかけても返事がないのは、もしかすると耳が聞こえにくくなっているのかもしれません。

家族の衰えを目の当たりにすることは、長年本人を知ってきた家族としてはつらいことです。徐々に介護が必要になってくれば、「前はあんなに○○だったのに」と元気だった頃と比べてしまいたくなるかもしれません。

でも老いは誰にでもやってきます。まずは以前と今は違うのだと理解し、現状を受け入れることが大切です。

認知症によっては、人格が変わってしまうことも

老いとともに多くの人に現れるのが認知症です。認知症にはたくさんの種類があり、タイプによって症状が違います。

中には「前頭側頭型認知症（ピック病）」のように、性格がガラッと変わってしまうものも。これは人格に影響を与える前頭葉に障害が起きる認知症で、抑制が利かなくなり、怒りっぽくなったり、暴力をふるってしまうこともあるのです。それまで穏やかだった自分の家族が180度性格が変わってしまうのを目の当たりにすれば、家族にとっては大きなショックです。

また、同じ話を何度も繰り返したり、さらに症状が進めば、家族が誰なのかわからなくなることもあります。そんな家族を目にしながらも、介護を続けていくのは、想像以上につらいことです。

厚生労働省が平成22年に行った、同居の主な介護者を対象にした調査によると、約6割の人が悩みやストレスを抱えていました。そして悩みやストレスの一番の原因として挙げられたのが「家族の病気や介護」でした。

在宅介護は家に引きこもりがちになるため、介護する家族はストレスを抱え込み、自分を追い詰めることにもなりかねません。介護疲れでうつ症状になる人も多いのが現状です。

●がんばりすぎない
●ストレスを発散できる趣味を持つ
●一人で抱え込まず、ほかの人の助けを借りる

といったことを意識する必要があるでしょう。

知りたいポイント㉚

認知症介護の悩みやストレス、どう減らす？

answer

事前に知識を得ること。一人で抱えこまないこと

知識を持っておくことで冷静に対処できる

精神的なつらさを少しでも軽くする方法の一つは、介護や認知症の症状について事前に学んでおくことです。何も知識がない状態で、いきなり介護や認知症に向き合うのはハードルが高いですよね。それは不安感やパニックを引き起こすことにもつながります。

症状について事前に知っておけば、その先の予測もできますし、いざという場面でも冷静に対応することができるでしょう。それに介護する側が落ち着いていられると、介護を受ける本人も安心しますし、穏やかでいられるものです。

認知症について学ぶには本やインターネットのほか、各自治体が開催している「認知症サポーター養成講座」があります。これは認知症について正しく理解し、地域で認知症の人やその家族を手助けする応援者を養成する学習会のこと。

認知症や介護に関して、どんな病気なのか、介護保険制度はどんな制度なのかなど、聞いたことはあってもじつはよく知らないという人は多いのです。でも家族の介護や認知症は、ある日突然始まります。そして自分自身にも、この先起こることかもしれません。事前に理解

これって何？

認知症サポーター養成講座

主に個人向けと団体向けがある。個人の場合は、地域で開催する「認知症サポーター養成講座」を受講。団体（町内会や学校、商店街、職場など）の場合は、講師が出向いて講座を行う。

を深めておくことで、いざというときの受け止め方も違うはずです。
だからこそ今のうちに知識を身につけ、これからに備えましょう。

〈ここがポイント〉
予備知識で精神的ストレスは減らせる

認知症についてどこに相談する？

認知症についての相談窓口は次のような場所が挙げられます。

●**かかりつけ医**　●**市区町村窓口**　●**地域包括支援センター**
●**ケアマネジャーが在籍する事業所**（わからない場合、市役所で最寄りの事業所をおしえてくれる）

な場所もあります。

また、心の内を吐き出したり、悩みやつらさをシェアできるこんな場所もあります。

●オレンジカフェ（認知症カフェ）

認知症の家族会や社会福祉法人、自治体、NPO法人などが運営。認知症の人本人が自由に過ごしたり、交流を深められるだけでなく、家族が気軽に立ち寄り、悩みや不安を介護福祉士・看護師などに相談できる場所でもあります。

ときにはそこに居合わせた介護者同士で、同じ悩みを共有できることもあるでしょう。「こんな状況は自分だけではないのだ」「ほかの人も同じように考えていたんだ」と思えれば、気持ちも少し軽くなるはず。また外に出ることが、家での孤立を防ぐことにもつながります。

みんなの声

●ショートステイやデイサービスなど、使えるサービスはすべて使っているが、他のきょうだいの協力がなかなか得られない

●「認知症の人と家族の会 支部」主催の会に参加する

「認知症の人と家族の会」は全国各地に支部があります。それぞれ認知症の人を介護する家族の交流や相談の場を開催しているので調べてみましょう。

●「認知症の電話相談」を利用してみる

「わざわざ外に行くのはハードルが高いけれど、電話なら気軽に相談できるかもしれない」。

そんな人は電話相談を利用してみましょう。認知症に関する知識や介護のしかたなど、経験者に相談できる窓口があります（P154参照）。

●介護関連の悩みを共有できるアプリを利用する

最近では介護を担う人が匿名で投稿することができ、ほかの利用者が励ましのメッセージを送ったり、アドバイスをしたりできるというアプリも登場しています。オンライン上に介護の悩みを匿名で相談できることで介護者の負担感が軽くなる、という実験結果も出ているので、活用してみては？

対面でも電話でもアプリでも、自分の利用しやすい方法でストレスや悩みを吐き出したり、共感を得ることができれば、不安が和らぎ、前向きな気持ちになれるかもしれません。

少しでも気持ちを軽くするための工夫

● 家族にもどんどん手伝いを頼む

自分一人で背負い込まず、家族にも手伝いを頼みましょう。自分の負担が軽くなるだけでなく、介護の大変さも実感してもらえるはず

認知症の電話相談

（公益社団法人認知症の人と家族の会）

●受付日：土・日・祝日を除く毎日

●受付時間：10：00 ～ 15：00

● TEL：0120-294-456（全国どこからでも無料）
●携帯電話・スマートフォンからは
050-5358-6578（通話料有料）
※これ以外に全国の支部でも電話相談を行っています。

くわしくは「公益社団法人認知症の人と家族の会」の
ホームページをご覧ください。

https://www.alzheimer.or.jp/

●完璧を目指さない
介護も家事も完璧にこなすことはできないと割り切り、手を抜けるところは抜きましょう
●友人とのつながりは持ち続ける
職場や友人関係など社会とのつながりを持ち続けることは、孤立しないためにとても大事なこと。もし会うのがむずかしければ、電話やメール、SNSなどで連絡をとりあって
●手軽にできる気分転換のタネを見つける
お笑い番組で大笑いをする、散歩で体を動かす、お気に入りの音楽でリラックスするなど、自分に合った手軽なストレス発散方法を見つけましょう

〈ここがポイント〉
悩みや不安はシェアしよう

知りたいポイント㉛

もしものとき、悲しみをどうケアする？

answer

周囲のサポートが重要

受容にかかる時間は人それぞれ

大事な家族を亡くした喪失感は大きなものです。その悲しみをどうケアするかについては、二つに分けて考えることができます。

一つは「亡くなることを事前に知っている場合」。こちらは医師やインターネット等の情報でこの先の過程を知っていくことになるの

みんなの声
●家族を急に亡くしてうつ状態になってしまった人を見ている。悲しみから立ち直るプロセスが知りたい

で、ある程度気持ちの切り替えができていることも多く、亡くなったあとの受容までの期間は比較的短いといえます。周りも普段と変わらず接するのがよいでしょう。

もう一つは「突然亡くなってしまう場合」。こちらは亡くなったことを受け入れるまでかなり時間がかかるので、積極的なサポートが必要です。会話の機会を増やす、旅行や趣味の活動に連れ出すなど、できるだけ一人の時間を減らし、引きこもる期間が長くならないよう周りが配慮しましょう。「時間が解決する」「早く元気になって」といった言葉は、相手を傷つけてしまうので気をつけて。

気持ちを切り替えられるようになるタイミングは人それぞれ。孫の誕生などがきっかけになる場合や、自助グループへの参加で悲しみを受け入れられるようになる人もいます。

これって何?
自助グループ
同じ境遇や体験をした人たちの集まりで、安心して自分の気持ちを話せる場であり、悲しみのケアに果たす役割は大きい。

まとめ

第4章

自分と家族の心のケアは？

- 介護で精神的にいちばんつらいのは、
それまで知っていた家族ではなくなっていくのを見ること

- 事前に学んでおくことは介護に有効。学びを通じて
悩みやつらさを誰かと共有することで、気持ちは少し軽くなる

- 家族を亡くしたことを受け入れるには、時間がかかることも。
周りからの積極的なサポートも必要

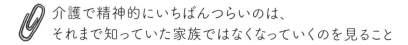

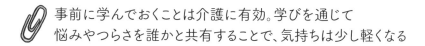

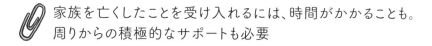

おわりに

本書は近い将来に必ずやってくる身近な家族の「老い」「もしものとき」に備えるための本です。介護のことも認知症のことも、そして相続についても、知っているようで知らないことは案外多いものです。

漠然とした知識は、不安の種にもなってしまいます。まずは少しずつ、正しい知識を学ぶところから始めましょう。

そして将来についての話を先延ばしにしていた人は、思い切って家族と話し合いの場を持ってみてください。老いについての思いを家族で共有し、互いを思う気持ちを伝えることが、これからの準備を進める第一歩になるでしょう。

家族の病気や介護はある日突然やってきます。家族の老いを受け入れ、寄り添って生きていくためのきっかけとして、本書をお役立ていただければうれしく思います。

1000人の「そこが知りたい！」を集めました
親・配偶者が高齢になったら家族で相談すること

2023年12月14日　第1刷発行

発行所　株式会社オレンジページ
〒108-8357 東京都港区三田1-4-28 三田国際ビル
電話　ご意見ダイヤル 03-3456-6672
販売（書店専用ダイヤル）03-3456-6676
販売（読者注文ダイヤル）0120-580799
発行人　鈴木善行
印刷　株式会社シナノ　Printed in Japan

監修　税理士／円満相続税理士法人代表　橘 慶太
主任介護支援専門員　福島 実
編集協力　株式会社フリート（中川純一　柴野可南子　柏木亜由美
富井淳子　星 咲良　阿山咲春　菊池里菜）
校正　みね工房
ライティング　千葉深雪
デザイン　笛木 暁
イラスト・漫画　新里 碧
編集　今田光子　菊地絵里